O INSTRUTOR DO MUNDO PARA TODA A HUMANIDADE

BENJAMIN CREME

Tradução: Thiago Staibano Alves

Fundação Share International
Amsterdã – Londres

The World Teacher For All Humanity
Direitos Autorais © 2017, Benjamin Creme, Londres
Publicado pela Fundação Share International
Todos os direitos reservados
Primeira impressão em inglês em 1996

ISBN 13: 978-94-91732-08-9

Primeira Edição em Português, 2017

A imagem na capa é a reprodução de uma pintura de Benjamin Creme chamada **Invocação** *(1964)*

TABELA DE CONTEÚDOS

PREFÁCIO 1
UMA VISÃO GERAL..3
O INSTRUCTOR DO MUNDO PARA TODA A
HUMANIDADE..18
   A EMERGÊNCIA DE MAITREYA 18
   A VOZ DE MAITREYA..27
   A ENTRADA DE MAITREYA 31
   O GRANDE SENHOR EMERGE 40
   AÇÕES DA AMÉRICA E DE ISRAEL 43
   A RECEPÇÃO DE MAITREYA...................................48
   MAITRYEA SE APRESSA EM EMERGIR 51
   O AVATAR...52
PERGUNTAS E RESPOSTAS....................................56
   A IMINÊNCIA DA EMERGÊNCIA DE MAITREYA 56
   O MOMENTO DA EMERGÊNCIA DE MAITREYA 57
   CRISE ESPIRITUAL 64
   LIVRE ARBTRIO 69
   NAÇÕES — OS POVOS E SEUS LIDERES...................73
   O "MITO" AMERICANO DA LIBERDADE 75
   KARMA — A LEI DE CAUSA E EFEITO......................79
   PROBLEMAS RELIGIOSOS..85
   APRESENTADO A INFORMAÇÃO AO MUNDO 87
   SALVANDO-NOS...99
MAITREYA DÁ UM PASSO À FRENTE
(pelo Mestre de Benjamin Creme).............................102
A "MÃO" DE MAITREYA (fotografia).......................104
A UNIÃO DAS FORÇES DA LUZ
(pelo Mestre de Benjamin Creme).............................106
CIRCULOS NA PLANTAÇÕES (fotografias)..............108
MEDITAÇÃO DE TRANSMISSÃO 112
A GRANDE INVOCAÇÃO 114
A ORAÇÃO PARA A NOVA ERA..............................115
GLOSSÁRIO DE TERMOS ESOTÉRICOS 116
LIVROS POR BENJAMIN CREME 127
SOBRE O AUTOR..141

Benjamin Creme

PREFÁCIO

Já que Maitreya, o Instrutor do Mundo, está pronto para emergir à um trabalho totalmente público, nós juntamos neste livro uma visão geral do plano de fundo deste importante evento. Ele é baseado em uma palestra na Conferência da Rede da Share International próximo de São Francisco, EUA, em Agosto de 2004, e é em sua maior parte um comentário sobre muitos artigos escritos pelo meu Mestre para nossa revista *Share International* entre 1987 e 2002, com perguntas associadas da América e da Holanda; e uma compilação de palestras públicas dadas em Tóquio e Osaka, Japão, em 2003 e 2006. Esta não é apenas uma visão "aérea" do assunto, mas um relato bem completo das muitas ramificações que fluirão deste importante acontecimento planetário.

    O livro detalha o retorno planejado de nossa Hierarquia planetária e a descida de Maitreya de Seu retiro no Himalaia em Julho de 1977 e de Seu trabalho no mundo, ainda por trás das cenas, desde então. Ele fala também das enormes mudanças que Sua presença trouxe; de Seus planos e projetos, e Suas prioridades e recomendações no futuro imediato. Ele O mostra como um grande e poderoso Avatar e, ao mesmo tempo, como um amigo e irmão da humanidade.

    O conselho de Maitreya levará a humanidade à uma simples escolha entre duas linhas de ação: ignorar Suas recomendações e continuar em nosso presente modo de vida, e então encarar a auto-destruição; ou aceitar de bom grado Seu conselho para inaugurar um sistema de partilha e justiça que garantirá um futuro pacífico e próspero para a humanidade, e a criação de uma civilização baseada na divindade interna de todos os homens. Maitreya não tem dúvidas da escolha que nós faremos e espera ansiosamente pela continuação aberta de Sua missão em nosso nome.

Benjamin Creme
Londres, Março de 2007

Palestra de Benjamin Creme, Osaka, Japão, 2006

UMA VISÃO GERAL

O seguinte artigo foi editado de uma palestra pública de Benjamin Creme em Tóquio em 2003 e em Osaka em 2006, e apresenta uma visão geral da emergência do Instrutor do Mundo e os Mestres da Sabedoria.

Muito do que eu tenho a dizer já é conhecido, ou se não é conhecido, está facilmente disponível. Começando em 1875, parte desta informação já foi publicada em livros traduzidos para muitas línguas, e está disponível para qualquer um que se dê ao trabalho de lê-los. A grande discípula, Helena Petrovna Blavatsky, fundadora da Sociedade Teosófica, começou a disseminação desta informação. Ela viveu por três anos no Himalaia com os Mestres Sobre os Quais eu irei falar. Seu trabalho foi seguido em 1924 por aquele de outra grande discípula Russa, Helena Roerich, através da qual os ensinamentos da Agni Yoga foram dados ao mundo, e por uma grande discípula Inglesa, Alice A.Bailey, entre 1919 e 1949.

Eu fui capaz de trazer estes ensinamentos à atualidade, de mostrar o que está realmente acontecendo no processo do retorno dos Mestres ao mundo cotidiano. São das minhas próprias experiências pessoais e contatos que eu faço essas declarações. Mas eu não estou pedindo para vocês acreditarem em mim. Eu estou simplesmente apresentando minha informação à vocês para a consideração de vocês. Se ela parecer à você razoável e racional, se ela parecer se relacionar com os eventos presentes, os acontecimentos do mundo que estão, e estiveram acontecendo por muitos anos, se em uma palavra, ela soar à você como verdade, então em todas as formas, acredite nela, mas caso contrário, não. Eu estou perfeitamente consciente de que muito desta informação irá parecer estranha e talvez inacreditável para alguns de vocês. Se este for o caso, por favor, esteja assegurado que eu não ficarei nem um pouco ofendido ou desapontado. Mas se esta informação ao menos permitir à você esperar por um futuro melhor para você mesmo e seus filhos, eu estarei perfeitamente satisfeito.

Tensão e Crise

O que o mundo precisa agora é a remoção do medo e a renovação da esperança. Nós estamos passando por um dos maiores períodos de tensão desde o fim da Guerra Fria. Esta fase particular de tensão e crise começou depois de 11 de Setembro de 2001.

Naquele dia, um ataque por terroristas estrangeiros ocorreu no World Trade Center em Nova York e no Pentágono em Washington, DC, assim como um ataque frustrado na Casa Branca. Foi um ataque não apenas à América, mas ao poder Americano, representado pelo Pentágono e a Casa Branca, e as principais nações industrializadas do mundo através do ataque ao World Trade Center. Aquele terrível, dramático ataque, tomou a América e o mundo de surpresa. O mundo esteve em um estado de choque desde então. Mas eu sugiro que ele não deveria ter tomado o mundo tanto de surpresa. Ele foi um dos mais ousados, mais audaciosos e mais organizados de muitos ataques semelhantes sobre o mundo Ocidental.

O ataque resultou em um ataque no Afeganistão no qual mais cidadãos comuns e inocentes do Afeganistão foram mortos do que foram mortos no World Trade Center em 11 de Setembro. Isso se seguiu à um ataque Americano e Britânico no Iraque, e a contínua ocupação na qual centenas de milhares de cidadãos Iraquianos inocentes também perderam suas vidas.

Os Americanos, Britânicos e outros governos não reconheceram que o ataque ao World Trade Center e o Pentágono, e o ataque frustrado à Casa Branca, têm uma causa. Ele é o efeito de uma causa. Em outras palavras, ele é kármico. Ele é o resultado da Lei do Karma, a Lei de Causa e Efeito.

A causa é complexa, mas colocada muito simplesmente, ela é a extrema diferença em padrões de vida entre o Ocidente desenvolvido e o mundo em desenvolvimento. Um terço do mundo – em sua maior parte os EUA, Europa, Japão, Austrália e Canadá – usurpam e gananciosamente gastam três-quartos dos alimentos do mundo, e cerca de 83 por cento de todos os recursos. O mundo em desenvolvimento, o tão chamado Terceiro Mundo, precisa se virar com o resto, distribuído entre dois-terços da população do mundo.

Esta divisão é o resultado da ganância, falta de compaixão, e complacência. É injusta e extraordinariamente perigosa para a segurança do mundo. O mundo em desenvolvimento nunca irá se satisfazer com o estado das coisas. Ele irá exigir a partilha justa dos recursos do mundo. O primeiro passo nesta direção foram os ataques na América. O maior perigo para o mundo não foi a existência do Iraque, com sua ditadura, nem é o Irã, com suas atitudes fundamentalistas Islâmicas e falta de respeito para com a América, ou a Coréia do Norte com seu poder militar. O maior perigo é a discrepância em padrões de vida entre o mundo desenvolvido e o mundo em desenvolvimento.

A humanidade está tomando um longo tempo para entender esses problemas, os verdadeiros problemas que a envolvem hoje. Mas a não ser que ela entenda esses problemas, não haverá esperança para o futuro do mundo. As tensões existentes na discrepância dos padrões de vida têm dentro delas as sementes de uma terceira guerra mundial. Esta guerra seria nuclear e destruiria toda a vida no planeta.

Eu sou uma pessoa bem otimista por natureza. Eu tendo a ver o lado mais brilhante da vida, e eu não me deprimo muito por pensamentos sombrios de destruição do mundo. Mas se eu não soubesse o que eu sei, eu teria pouca esperança de que a humanidade sobreviveria, pouca esperança de que em tempo, a humanidade despertaria para os reais problemas que a envolvem, e começaria a mudar. Eu duvido muito que por nós mesmos, nós faríamos isso.

Felizmente, eu não acredito que nós estamos sozinhos, sem ajuda, sem orientação. Esteve por trás da humanidade, desde os primeiros dias de sua existência, um grupo de homens de extraordinário conhecimento e sabedoria, chamados os Mestres da Sabedoria, a Hierarquia Espiritual de nosso planeta.

Os Mestres da Hierarquia Espiritual

Este grupo de homens passaram à frente de nós na evolução. Eles chegaram a um ponto onde Eles não precisam mais de experiências de encarnação na Terra, mas mesmo assim permanecem afim de agirem como um tipo de governo interno do mundo. Os Mestres são os Guardiões do Plano de evolução que está levando a humanidade à frente e para cima, estejamos nós conscientes disso ou não. Eles levaram a humanidade do estágio de antigo animal-homem e mulher ao ponto onde nós estamos hoje – guiando, protegendo e estimulando o avanço evolucionário de todas as pessoas.

Algumas vezes, Eles trabalharam mais abertamente, mas pelos últimos 98.000 anos, com algumas poucas exceções, Eles viveram nas remotas montanhas e áreas desérticas do mundo, como o Himalaia, os Andes, as Rochosas, os Carpátos, os Urais, e o Deserto de Gobi e outros desertos. Dessas montanhas e áreas desérticas, trabalhando principalmente através de Seus discípulos, homens e mulheres no mundo, Eles guiaram a humanidade pelo caminho evolucionário com Seu amor e sabedoria.

Pelos últimos 500 anos, os Mestres souberam que mais cedo ou mais tarde Eles seriam solicitados a voltarem ao mundo cotidiano, conhecidos a nós pelo que Eles são. Isso está relacionado com Suas próprias evoluções, bem separada da evolução humana. A única questão era quando a humanidade estaria pronta para o retorno ao mundo cotidiano de tais gigantes espirituais. Até relativamente recente, foi pensando que ainda se precisaria de 1.200 ou 1.300 anos antes que nós estivéssemos prontos para receber homens deste tipo de potência espiritual em nosso mundo cotidiano.

Mas em Junho de 1945, no final da Segunda Guerra Mundial, Maitreya, o cabeça e líder deste grupo de homens perfeitos, anunciou Sua decisão de retornar no momento mais próximo possível ao mundo, junto com um grande número de Seu grupo. Maitreya disse que Ele viria quando uma medida de paz tivesse sido estabelecida no mundo, quando a energia que nós chamamos boa vontade, que os Mestres vêem como o aspecto mais baixo do amor, estivesse se manifestando e levando ao estabelecimento de corretas relações humanas, e quando os grupos religiosos e políticos estivessem colocando suas casas em ordem. Estas condições não precisariam ser satisfeitas de forma perfeita, mas quando nossas mentes estivessem ao menos se movendo nessas direções, Maitreya disse que Ele viria sem falta, no momento mais próximo possível.

A vinda de Maitreya foi prevista 2.600 anos atrás pelo Buda Gautama, Que disse que neste tempo viria outro grande instrutor, um Buda como Ele Mesmo chamado Maitreya, Que, pela força de Sua colossal estatura espiritual, galvanizaria e inspiraria a humanidade a criar uma brilhante civilização de ouro baseada, como Ele diz, em retidão e verdade.

Cada manifestação de um Instrutor que ocorreu desde os tempos mais antigos foi um discípulo ofuscado pelo Instrutor. Historicamente, eles são conhecidos como Hércules, Hermes, Rama, Mitra, Vyasa, Confúcio, Zoroastro, Krishna, Shankaracharya, Gautama, Jesus e Maomé. Estes foram todos discípulos ofuscados pelo Próprio instrutor. Assim como o Buda trabalhou através do Príncipe Gautama, também na Palestina, Maitreya trabalhou através de Jesus de Nazaré.

Maitreya é a encarnação daquilo que nós chamamos o Princípio Crístico, a energia do Amor. Maitreya é tão avançado, tão puro, que Ele pode encarnar em Seu próprio ser, e não simplesmente canalizar, a energia do Amor, o segundo aspecto de Deus. Através de Jesus, Ele mostrou aquele Amor de Deus em sua perfeição em um homem pela primeira vez, assim como através do Príncipe Gautama, o

Buda mostrou o aspecto Sabedoria de Deus em sua perfeição em um homem pela primeira vez.

Agora, pela primeira vez na história, o Instrutor veio ao mundo por Ele Mesmo. Maitreya é o cabeça e líder de Seu grupo de discípulos, os Mestres da Sabedoria, e ocupa o cargo de Instrutor do Mundo. Ele tem ocupado este cargo pelos últimos 2.000 anos, aparecendo através de Jesus, e será o Instrutor do Mundo para esta era vindoura, a era de Aquário, que está agora começando e irá durar cerca de 2.350 a 2.500 anos.

Por milhares de anos, Maitreya viveu em um retiro no alto do Himalaia. Mas Maitreya chegou ao mundo cotidiano – Ele nunca esteve fora do mundo – em 19 de Julho de 1977. Em 8 de Julho, Maitreya desceu de Seu retiro montanhoso em um corpo auto-criado, construído especialmente para esta missão no mundo. Este corpo permite a Ele viver em nosso nível de existência, e ao mesmo tempo ser sensível o suficiente para trazer Sua consciência como o Instrutor do Mundo. Maitreya ficou nas planícies do Paquistão por alguns dias aclimatizando este corpo, e em 19 de Julho, veio por avião para Londres, Inglaterra. Ele fez da comunidade Asiática de Londres o que Ele chama Seu ponto de foco no mundo moderno.

Começo de uma Nova Era

O que eu quero dizer com vindoura era de Aquário? Deixe-me ilustrar isso em termos astronômicos, porque é um fato astronômico que nós estamos entrando em uma Nova Era. O sistema solar do qual nós somos uma parte faz uma jornada no espaço que leva, relativo às constelações, cerca de 25.000-26.000 anos para se completar. Portanto, a cada aproximadamente 2.150 anos, nosso sol vem em um alinhamento particular, uma relação energética, com cada uma das constelações por vez. Quando o sol está neste alinhamento, nós dizemos que nós estamos na era daquela constelação em particular.

Pelos últimos 2.150 anos, este alinhamento foi com a constelação de Peixes. Nós estivemos na era de Peixes, e esta era chegou ao fim. O sol saiu da esfera de influência das energias de Peixes e está entrando na mesma relação com a constelação da Aquário, e portanto, com as energias de Aquário. As energias de Peixes começaram a ser retiradas em 1625. As energias de Aquário começaram a entrar e afetar nosso planeta em 1675. Hoje há um tipo de equilíbrio.

As energias de Peixes e as energias de Aquário estão, até onde nos diz respeito, mais ou menos iguais, e este é o nosso problema. As energias de Peixes estão começando a ser retiradas e deixaram todas as estruturas que foram construídas sobre sua influência: políticas, econômicas, religiosas, sociais, científicas, educacionais, culturais e por aí vai. Todas essas estruturas se tornaram cristalizadas. Elas sobreviveram, mas não têm mais a energia que as trouxeram à existência, então elas não funcionam mais. Da maneira que nós respondemos às energias de Peixes, elas dividiram completamente o mundo em pequenas partes fragmentadas.

As energias de Aquário, que estão crescendo em potência com cada dia que passa, funcionam em nós de uma forma muito diferente. Elas têm um efeito completamente diferente sobre a humanidade. Elas são as energias da síntese. As energias de Peixes dividiram o mundo, as energias de Aquário irão unir a humanidade, misturar e fundir a humanidade em um único grupo.

No começo de cada nova era, desde o começo dos tempos, um Instrutor da Hierarquia Espiritual de Mestres veio ao mundo para inaugurar a era, colocar em movimento as idéias que iriam erguer e galvanizar a humanidade, levando-a à frente em sua evolução, e criando condições nas quais isso poderia ser feito.

Estabelecimento da Paz

Os planos de Maitreya são o de despertar a humanidade para os perigos diante dela e mostrar à humanidade como evitar a auto-destruição. Maitreya diz que é na verdade muito simples para a humanidade se nós pudermos dar o primeiro passo.

A humanidade precisa acima de tudo estabelecer a paz. Sem paz, não haverá futuro para a humanidade, porque nós temos a capacidade nuclear para destruir o mundo e toda a vida, tanto humana como sub-humana. Como nós conseguimos paz? Essa é a questão essencial. Certamente, não utilizando os métodos dos governos Americano e Britânico nos tempos recentes, quando eles atacam um país após o outro. Isso certamente não irá trazer paz ao mundo. Não vai nem mesmo terminar com o terrorismo no mundo. Nunca haverá um fim para o terrorismo até que o próprio mundo tenha mudado.

Apenas uma coisa criará paz e o fim do terrorismo-- a criação de um mundo justo. Se não há justiça, nunca haverá paz. Se não há justiça, não há esperança para qualquer um de nós, porque todos no mundo morrerão a não ser que nós estabeleçamos justiça no mundo. Há apenas uma maneira de se estabelecer justiça e está é a de partilhar os recursos do mundo mais igualmente. É tão simples e mesmo assim nós evitamos fazê-lo. Sem partilha, nunca haverá justiça. Sem justiça, nunca haverá paz. Sem paz, não há futuro para nós.

Então o que nós fazemos? As nações desenvolvidas precisam perceber que os alimentos e recursos do mundo pertencem à todos, são dados pela providência divina para todas as pessoas do mundo, não apenas as nações desenvolvidas que têm o dinheiro para comprar a comida e os recursos. Elas têm o dinheiro para comprar, porque elas são mais avançadas tecnologicamente, mais avançadas na indústria talvez. Mas os bens que elas produzem não dão valor aos recursos e atividades das pessoas do Terceiro Mundo. Esta abordagem é insolente, desonesta, gananciosa e egoísta, e precisa mudar, de outra forma, não há futuro para o mundo.

Os Mestres da Hierarquia Espiritual têm planos para a redistribuição dos recursos do mundo, que serão apresentados assim que a humanidade disser: "Você está certo. Nós acreditamos que a única forma é partilhando melhor os recursos. Como nós o fazemos?"

É simples fazê-lo. Provavelmente, a coisa mais simples de se fazer é este primeiro passo em direção à partilha. As pessoas imaginam as coisas de uma maneira puramente pessoal. Elas dizem: "Ah, meu deus. Partilha? Eles irão retirar meu dinheiro do banco e enviá-lo à Indonésia ou à África para pessoas que eu não conheço?" É na verdade bem diferente disso. Isto será feito em níveis nacional e internacional.

Para cada nação será pedido para fazer um registro do que ela tem e do que precisa, o que ela produz e o que ela importa. Então, à cada nação será pedido para dar em confiança ao mundo como um todo em um reservatório comum, aquilo que ela tem em excesso em relação às suas necessidades. Deste reservatório comum, as necessidades de todos poderão ser satisfeitas. Isto acabará com o terrorismo no mundo? Provavelmente não imediatamente. Mas é o primeiro passo em direção a criação de justiça no mundo, e irá criar o essencial para esta correta relação que nós chamamos confiança.

Quando nós criamos confiança, nós podemos fazer maravilhas. Nós podemos fazer o que é impossível sem ela. Quando países confiam um nos outros, eles conseguem conversar com cada um sem medo. Com a criação de confiança através da partilha dos recursos, nós podemos começar a resolver todos os problemas do mundo um após o outro. Eles se tornam abordáveis e facilmente solucionáveis, e o mundo pode ser de fato mudado muito rapidamente.

E com esta criação de confiança através da partilha, nós podemos superar a situação das pessoas de hoje que estão cheias de ódio e ressentimento. Elas estão cheias com o sentimento de injustiça, e elas não vêem uma forma pela qual à seus filhos pode ser dada uma vida decente, e então elas se voltam, algumas delas, ao terrorismo.

Ensinamentos de Maitreya

Os ensinamentos de Maitreya demonstram e afirmam a interconexão de tudo no mundo. Esta é a análise racional da Lei do Karma, a Lei de Causa e Efeito. Recentemente nos Estados Unidos, ocorreu um terremoto medindo 4.9 graus no leste, em uma área que não é normalmente suscetível à terremotos. Através do meio-oeste dos Estados Unidos, Kansas e os estados centrais, ocorreram centenas de tornados um após o outro por dias, deixando caminhos de destruição por 400 milhas e matando muitas pessoas.

Estes são chamados atos da natureza, atos de Deus. Mas eles são, neste caso, o resultado da Lei do Karma. A crise que se manifesta como a infecção SARS na China e em outros lugares, por exemplo, as epidemias de gripe através da Europa, são o resultado direto do medo gerado das condições de crise criadas pelo ataque dos EUA ao Afeganistão e Iraque. Não é uma questão de Deus punindo o agressor. É uma simples lei de interconexão de todos os átomos no universo. O que acontece aqui, aciona algo que inevitavelmente acontece em outro lugar pela lei de ação e reação.

Quando a humanidade verdadeiramente compreender esta lei, a Lei do Karma, não apenas como uma idéia intelectual, ela verá que cada pensamento, cada ação, coloca em movimento uma causa ou causas. Os efeitos saindo dessas causas fazem a nossa vida para o bem ou para o mau.

A necessidade por inofensividade em cada ação em nossas vidas se torna aparente Quando nós agimos, nós precisamos saber quais os resultados desta ação podem ser. Se a ação é destrutiva, ela produz destruição no mundo. Se a ação não é destrutiva, se ela é criativa, se ela é inofensiva, ela cria inofensividade, ela cria o bem no mundo.

Nós temos nossa evolução em nossas mãos. Nós somos responsáveis. Cada ação, cada pensamento, é parte dos pensamentos e ações de toda a humanidade, e afetam toda a humanidade. Nós não conseguimos imaginar o quão longe nosso pensamento viaja antes que ele retorne como a reação a uma causa. Quando os pensamentos e ações da humanidade são destrutivos, quando nós criamos formas de pensamento de destruição, ataque, assassinato e medo, nós geramos assim, formas de pensamento que colidem com as forças da natureza. Estas forças estão sobre o controle das evoluções angélicas ou dévicas. Elas saem de equilíbrio conforme nós saímos de equilíbrio, e terremotos, tornados, enchentes, furacões são os resultados.

Nós precisamos começar a pensar de uma forma mais integrada, vendo a conexão entre eventos, não colocando tudo em categorias separadas de forma que eles não se relacionem mais. Tudo está relacionado com tudo mais. Tudo colide em tudo mais. Nós precisamos adquirir o conhecimento e a resposta inteligente aos nossos sentimentos e intuições sobre como viver. Se nós ouvirmos nossa intuição, se nós ouvirmos ao coração, nós poderemos aprender a viver de uma forma que seja inofensiva, que não cause esta ganância, egoísmo, antagonismo entre nós mesmos e a sociedade, entre nosso país e outro país.

Todos no mundo, sem exceção, estão procurando, almejando, desejado, a experiência da unidade. Equilíbrio reflete a subjacente unidade de todas as pessoas. Mas nosso mundo moderno é construído sobre a competição, o oposto do equilíbrio. Você precisa ganhar, você precisa fazer algo melhor, mais barato, mais rápido, mais agressivamente, do que alguém. Todos estão presos na competição, e não damos espaço à intuição para respirar, para viver, para dar um sentido do desejo por unidade. Nós estamos presos na competição, e o que nós precisamos é cooperação. Cooperação reflete o desejo por unidade, o desejo por equilíbrio, que é a única forma possível, criativa de se prosseguir na evolução.

Cooperação precisa de consciência. Nós precisamos estar conscientes do que está acontecendo conosco. Se nós não estamos conscientes, nós nos tornamos como uma máquina, antagonista e destrutiva, o oposto do que nós precisamos e do que nós somos, que é uma pessoa cooperativa, criativa que deseja criar cooperativamente com os outros e demonstrar a unidade do mundo. Todos, sem exceção, em algum nível, têm este ideal, porque nós todos somos parte da humanidade una.

Emergência de Maitreya

Maitreya, como Instrutor do Mundo, está aguardando a oportunidade para apresentar Seus ensinamentos diretamente à humanidade. Entre 1988 e 1991, Maitreya deu uma série de previsões sobre eventos mundiais que foram dadas para nós publicarmos em nossa revista *Share International* (*) Uma das primeiras dessas previsões foi a de que haverá uma quebra na bolsa de valores que começará no Japão. Esta pareceu uma declaração extraordinária naquele tempo. Na metade de 1988, o índice Nikkei estava em 40.000 pontos. Em 1990, ele começou a cair. E os Japoneses, que sabem dessas coisas, disseram que se ele chegasse em 18.000 pontos, este seria o fim. Ele desceu até 10.000 pontos, e então 7.000 pontos. Como resultado, como dominós, seguiram-se todo os países do Anel do Pacífico-- Malásia, Indonésia, Hong Kong e Cingapura. Todos eles começaram a quebrar como um resultado da quebra Japonesa. E então a Rússia, Brasil e Argentina.

    As bolsas de valores dos Estados Unidos e da Europa estiveram subindo e descendo, para cima e para baixo, mas não seguem exatamente o que aconteceu no Japão. Maitreya está aguardando pelo colapso das economias dos EUA e da Europa para vir adiante, para Se apresentar ao mundo, para começar Seu ensinamento público. Mas os eventos no mundo estão tão críticos, com tanta tensão e medo, que Maitreya está preocupado em vir adiante o mais cedo possível. Ele está tomando cada oportunidade para Se apresentar cada vez mais próximo aos grupos que estão trabalhando pelo Reaparecimento, mas também em uma escala mais ampla, para as pessoas do mundo

Ele fala com pessoas em todos os níveis, pessoas comuns e aqueles mais úteis em cada nível--político, econômico, social, científico, educacional e por aí vai--pessoas que podem ajudar o mundo, que têm a influência para o bem no mundo. Desta forma, Ele criou um grande corpo de pessoas que no futuro imediato, começarão as mudanças necessárias para transformar o mundo para melhor.

Quando Maitreya vir adiante, Ele não irá inicialmente usar o nome Maitreya. Ele irá Se apresentar como uma pessoa comum, embora é lógico, uma pessoa extraordinária. Ele aparecerá inicialmente na América, na televisão, em uma grande rede, e então no Japão e ao redor do mundo. Ele se tornará conhecido pela Sua análise das necessidades do mundo. Procurem por um homem que está pedindo por justiça para todo o mundo, liberdade para todo o mundo.

Quando pessoas o suficiente estiverem respondendo ao que Ele tem a dizer, será pedido à Maitreya falar com o mundo inteiro. Neste dia, o Dia da Declaração, como ele será conhecido, você verá um agora familiar rosto na televisão, aquele de Maitreya. As redes de televisão do mundo serão ligadas por satélite, que já estão em funcionamento para este evento. E então, algo extraordinário irá acontecer. Simultaneamente, através do mundo, as pessoas verão o rosto de Maitreya em seus aparelhos de televisão. Maitreya é onisciente e onipresente, e todos acima da idade de 14 irão ouvir Suas palavras, Seus pensamentos, Suas idéias internamente, silenciosamente, telepaticamente em suas próprias línguas. Conforme você estiver vendo seu rosto, Seus lábios não irão se movimentar, Ele não irá falar, mas Suas idéias irão para sua mente. O Francês o ouvirá em Francês, os Alemães em Alemão, o Inglês em Inglês, o Holandês em Holandês, o Japonês em Japonês, e por aí em diante ao redor do mundo. Seja lá o que você estiver fazendo, se você estiver pescando ou embaixo do carro, se você não estiver vendo televisão, você ainda ouvirá sua voz, os pensamentos, as idéias de Maitreya internamente. Este milagre é uma repetição, apenas agora em uma escala mundial, dos verdadeiros acontecimentos do Pentecostes, 2.000 anos atrás. Também desta forma, Maitreya irá prenunciar a futura habilidade de todas as pessoas em se comunicarem mentalmente, telepaticamente à vontade, sobre qualquer distância.

Maitreya dará uma história breve da longa história do mundo e mostrará a altura da qual a humanidade caiu para o materialismo de hoje. Ele irá introduzir o fato de Seu grupo, a Hierarquia Espiritual de Mestres. Ele irá mostrar o futuro, e delinear algumas das extraordinárias maravilhas científicas que tornarão acessível uma nova vida para a humanidade. Ele fará Seu apelo por justiça, por partilha como o único caminho para justiça, e então para a paz no mundo.

Enquanto isso estiver acontecendo, Sua energia, a energia do Amor, fluirá em tremenda potência através dos corações de todos. Isso provocará uma resposta intuitiva, de coração, para a mensagem. Ele disse: "Será como se eu abraçasse o mundo. As pessoas irão senti-lo até fisicamente." No plano físico denso, ocorrerão centenas de milhares de curas milagrosas instantâneas ao redor do mundo.

Dessas três formas você saberá que aquele Homem, é lógico, apenas Aquele, é o Instrutor do Mundo, aguardado pelos Cristãos como o Cristo, por Mulçumanos como o Imam Mahdi, por Judeus como o Messias, por Hindus como Krishna ou Avatar Kalki, por Budistas sobre Seu nome, o Buda Maitreya, por pessoas de nenhuma filiação religiosa que simplesmente desejam uma vida melhor para todos.

Nossa resposta à este evento determinará todo o futuro do mundo. Maitreya irá apresentar a nós uma escolha; nós temos livre arbítrio e a escolha é nossa. Colocando de forma simples, é uma escolha por partilha, justiça e o fim da guerra e terrorismo para sempre, ou a eventual aniquilação de toda a vida na Terra, tanto humana como sub-humana. Maitreya já disse: "Meu coração me diz sua resposta, sua escolha, e ela é boa."

(*) Esta série de previsões e ensinamentos de Maitreya foram compiladas e publicadas no livro *Maitreya's Teachings–The Laws of Life*.

O INSTRUCTOR DO MUNDO PARA TODA A HUMANIDADE

O seguinte artigo é uma versão editada de uma palestra dada por Benjamin Creme na Conferência de Meditação de Transmissão realizada próxima de São Francisco, EUA, em Agosto de 2004.

A EMERGÊNCIA DE MAITREYA

"Por vários anos, muitas pessoas aguardaram, com graus variados de paciência, a emergência de Maitreya na arena do mundo, afim de Se apresentar como o Instrutor do Mundo para Aquário. Muitos a acharam de fato uma espera cansativa, enquanto que outros alegremente trabalharam para informar o mundo da Sua presença e planos, sabendo que, eventualmente, seus esforços teriam sucesso. O dia amanheceu quando todos O verão. Sabendo, ou não, todos O chamaram e Ele manteve Sua promessa de retornar."*(A emergência de Maitreya, pelo Mestre —, SI, Abril de 1987)**

"Muitos a acharam de fato uma espera cansativa." Se você conhecesse Maitreya melhor do que você de fato conhece, você saberia que Ele acredita que Ele *retornou*. Ele realmente acredita que toda esta conversa de quando Ele virá adiante é sem sentido. Ele já o fez. Quando Ele visita grupos – é lógico, não vestido ou parecendo como Maitreya (mas em vários disfarces) – eles sabem Quem Ele, é porque Ele foi confirmado pelo Mestre como tendo sido Maitreya. Então Ele vem novamente, bem como o mesmo cavalheiro, e eles Lhe fazem perguntas e Ele responde, – e então eles falam: "Mas, ah, isso demora tanto! O que me preocupa é o estado do mundo, e está sendo uma espera tão longa. Como eu explico às pessoas que isso precisa levar um tempo?" Ele diz: "O que você está dizendo? Você pode estar tão ansioso quanto quiser, mas isso é tolice. Não há nada quanto ao que se estar ansioso." "O mundo está bem, cheio de promessa.

Maitreya está aqui. Ele retornou. Você não precisa esperar por nada, isso já foi feito – o plano está funcionando bem."

O mundo está em um estado de mudança, que nós nem podemos começar a imaginar, tão envolvidos como nós estamos, naturalmente, nos eventos dos últimos anos: desde 11/9, por exemplo, seguido por um ataque no Afeganistão, e a invasão do Iraque que ainda está ocorrendo – sem mencionar a possibilidade de um terror maior.

A década antes de 11/9 foi uma de crescente calma, crescente mudança para o melhor. Coisas extraordinárias aconteceram: o fim da Guerra Fria, por exemplo, um acontecimento extraordinário, o principal evento no mundo desde o fim da Segunda Guerra Mundial. Ele ergueu a humanidade para fora do medo da morte repentina – não apenas a possibilidade dela, quase que a certeza de um fim catastrófico de tudo. As pessoas pararam de ter filhos, porque elas não queriam trazê-las à um mundo que seria destruído. Agora, as pessoas têm filhos, elas esperam ansiosamente por isso, e elas sabem que seus filhos viverão e construirão uma nova civilização.

As pessoas experienciaram nos 10 a 12 anos antes do 11/9, uma transformação extraordinária do mundo. Para as pessoas envolvidas, algumas dessas foram tremendas, climáticas: as mudanças que ocorreram na União Soviética, o colapso do sistema político, as demandas de milhões de pessoas por um estilo de vida melhor e mais simples, e o surgimento dos agora super-ricos homens de petróleo na Rússia; o experimento Chinês, que levou de forma constante uma grande parte da população à uma abundância material que eles nunca conheceram antes. Nenhuma das pessoas na China tinham experienciado a qualidade de vida ou a afluência material que a costa leste da China agora experiencia. Talvez 20 milhões de pessoas possam agora experienciar o bem-estar material das partes mais afluentes da Europa e da América. Isso é totalmente novo, e aliviou em outros lugares da China uma tremenda quantidade de pobreza. É verdade que existem partes da China que ainda são pobres, mas como um todo, a China saiu de uma pobreza agonizante que ela conhecia antes. Semelhantemente, a maioria das pessoas na Rússia estão achando a vida mais fácil, embora mais vazia.

As pessoas no Ocidente – América, Europa – descobriram uma crescente interdependência, um reconhecimento da unicidade da humanidade e a necessidade de ver o mundo como um, e que mudanças reais são possíveis apenas em uma escala global.

Um dos principais eventos dos últimos anos, e pela primeira vez na história, foi que à milhões de pessoas foram dadas a permissão de serem totais e iguais cidadãos e donos reconhecidos de seu próprio país. Foi um acontecimento extraordinário, a libertação de Nelson Mandela e a criação de uma nova África do Sul. Isso foi o trabalho direto de Maitreya; Ele fez com que isso acontecesse.

Semelhantemente, Sua influência abriu a União Soviética para a *glasnot*, dando boas vindas à União Soviética à comunidade de nações, e daí a transformação do antigo, irritado urso em uma amigável, cooperativa federação de nações. Foi uma tremenda transformação.

Ocorreu também a unificação da Alemanha, anos a frente da estimativa de qualquer um quanto a possibilidade. Alguns, é lógico, aqueles no Ocidente, vêem isso como uma nova responsabilidade que baixou seus padrões de vida (que eram artificialmente altos), mas isso deu uma nova estabilidade à Europa que, como vocês sabem, estava em um constante estado de alerta desde os anos 1940s.

Então, uma tremenda quantidade de coisas foram feitas, em sua maior parte influenciadas por Maitreya, que nós tendemos a esquecer. Em nossa angústia, preocupação pelo futuro e falta de senso de proporção, nós tendemos a esquecer as grandes mudanças positivas que ocorreram, principalmente por causa das poderosas energias agora fluindo para o mundo, e a presença de um grande grupo de homens extraordinários, cerca de 14 Mestres, e o Mestre de todos os Mestres, o Próprio Maitreya.

"Por anos, Ele também aguardou o convite dos homens para emergir e falar para todos. Agora que, pelo menos ele foi feito, Ele tomou passos para garantir Seu reconhecimento e aceitação. Não é por acaso que Ele preparou muitos grupos afim de reconhecê-Lo. Em altas posições e influentes, existem aqueles em campos variados da vida que sabem que Ele está aqui, conhecem Seus planos e prioridades, ouviram Suas palavras e acreditam que elas sejam verdade. De diversos planos de fundo e muitos países, esses preparados vêm, semelhantes em seus desejos em servir Maitreya e o mundo. Com seus conhecimentos detalhados de Seus planos, eles falarão por Ele, despertando seus colegas e cidadãos para tarefa à frente. Desta forma, Ele trabalhará através deles, apontando o caminho para um futuro melhor."*("A emergência de Maitreya")*

Apesar de Sua prontidão para ação espontânea, tudo que Maitreya faz, assim como com todos os Mestres, é feito com cuidado meticuloso. Eles gastam anos e tremendas quantidades de energias dirigidas para terem certeza que um plano funcione, aparecendo para pessoas ao redor do mundo: pessoas sem importância, pessoas que esperam Ele, que O reconheceriam se elas O vissem em palestras, e por aí vai. Não é sempre fácil reconhecê-Lo, porque Ele aparece de muitas formas diferentes: como uma mulher, um homem, uma mulher idosa com um dente, talvez aparecendo em belas roupas, mas vestindo galochas ou chinelos um pouco estranhos. Esta é a dica que freqüentemente é dada. Eu me lembro de um relato de um Mestre Que apareceu vestido soberbamente, em roupas do fim do século 19 – casaco comprido, gravata, e um chapéu com uma pilha de lã e um pano saindo de cima dele.

Maitreya criou um gigantesco corpo de homens e mulheres que O encontraram, com o qual Ele passou um tempo, delineando Suas prioridades, e falou sobre as necessidades do mundo; pessoas em todos os campos da vida, realeza, pessoas de poder e prestígio; chefes de governo; corpos diplomáticos ao redor do mundo, pessoas que têm influência no governo, enviados especiais, e por aí vai; líderes religiosos, nomes conhecidos na indústria e chefes de corporações. Há agora um gigantesco grupo de pessoas que estão absolutamente familiares com os pensamentos, idéias e planos de Maitreya. Quando Ele se tornar mais aberto, quando as pessoas realmente O verem (embora Ele não será anunciado como Maitreya), essas pessoas irão emergir, falar e concordar que isso é verdade; o grande Instrutor, um Instrutor do Mundo, está aqui. Elas podem não apontar à Ele, mas irão dizer: "Ele está aqui. Eu sei. Esta idéia é Dele."

Essas pessoas têm entre eles muitos seguidores, então quando elas falarem, as massas que apenas seguem um líder acreditarão neles; para elas, eles são líderes, de pensamento, de idéias modernas, que escrevem para jornais e revistas, pessoas em alto nível na mídia que encontraram Maitreya, que conhecem Suas idéias, Seus pensamentos, Sua análise das necessidades por mudança e por paz. Desta forma, Ele está construindo um gigantesco corpo de opinião ao Seu lado.

Então chegará o momento para as massas de pessoas formarem uma gigante, ampla opinião mundial, que irá se espalhar pelo mundo e forçar governos a começarem o processo de mudança, a implementarem os ensinamentos de Maitreya.

Alguns O verão como o Cristo. Alguns O verão talvez como um pensador político/econômico que os inspirará e mostrará que há uma possibilidade por mudança, que nós não precisamos seguir o Sr Bush ou o Sr Blair e continuarmos no caminho antigo; que os velhos métodos de dividir e conquistar acabaram, os velhos métodos de governos que fazem políticas e as forçam em seus povos acabou. Governos perceberão, pelo golpe do poder manifestado das pessoas, que seus trabalhos, suas tarefas, são a de cuidar das necessidades das pessoas. Isto irá acontecer em todos os países, porque este é o papel do governo. Alguns governos o fazem em um grau minúsculo, outros o fazem mais. Alguns governos são mais democráticos, e há mais participação no processo, mas alguns são extremamente ditatoriais e as pessoas têm pouco o que falar. Isso irá acabar.

"Em pouco tempo, Seu rosto será visto por milhares ao redor do mundo. A televisão tornou possível para o Avatar entrar nas casas de incontáveis pessoas com palavras simples, afim de penetrar em seus corações" *("A emergência de Maitreya")*

Um dos segredos do poder de Maitreya, que apenas um número limitado de pessoas experienciaram até agora (embora este seja um número bem grande, ele ainda é limitado comparado com a população do mundo), é a simplicidade de Sua fala. Ele fala direto de coração para o coração da pessoa. Ele não está tentando ser esperto. Ele não está tentando argumentar quanto a uma causa.

Ele está alertando as pessoas quanto ao óbvio, mas isso não parece tão óbvio para muitos dos governos do mundo, embora seja óbvio para todos que eles precisam de comida, abrigo, saúde, educação, estímulo, cultura e variedade em suas vidas. Todos sabem isso, mas os governos no geral, não oferecem estas necessidades essenciais.

É a responsabilidade dos governos fazerem isso, e quando Maitreya fala, Ele diz essas coisas simples que a maioria dos Cristãos não esperariam ouvir do Cristo. Eles esperam ouvir ele falando sobre religião, sobre Deus ou sobre uma religião contra a outra, religião acadêmica, religião na forma que os religiosos falam ou lutam pela, ou se importam com.

Ele não vêm como um instrutor religioso, embora Ele seja aguardado por todos os grupos religiosos sobre um nome ou outro. E, é lógico, para os vários grupos religiosos, será uma extraordinária surpresa, e com grande dificuldade para muitas pessoas, Ele será reconhecido e seguido.

"Logo se seguirão outras aparições semelhantes, até que todo o mundo ouça e responda." *("A emergência de Maitreya")*

Ele planejou toda uma série de aparições. A emergência de Maitreya está ocorrendo, literalmente como nós sabemos, por anos e em fases, cada fase permitindo cada vez mais pessoas ouvirem Ele. Ele gastou anos indo ao redor do mundo, aparecendo para pessoas onde Ele criou fontes de águas curativas, carregando as fontes com energia cósmica de Aquário. Eventualmente, foi me dito, existirão 777 de tais fontes de água.

Ele apareceu principalmente para grupos religiosos, e quase toda vez uma fonte de água foi criada. Se você multiplicar a audiência de Suas 239 aparições, (1988-2002)** isso adiciona um tremendo número de pessoas que ouviram-No falar, ouviram Suas preocupações e Suas soluções para nossos problemas.

"Desta forma, o mundo saberá que o Cristo, Maitreya, está em nosso meio, pronto para ensinar e liderar, para servir e guiar, para mostrar o caminho de volta do abismo e para inspirar a criação de uma nova era para os homens." (*"A emergência de Maitreya"*)

O Mestre continuamente usou esta frase "para mostrar o caminho de volta do abismo". Para o ponto de vista dos Mestres, o mundo já está salvo, mas a humanidade não sabe disso, e precisa agir com suas melhores intenções e mais elevados interesses, e então, se afastar do abismo, o precipício. O abismo, é lógico, seria a guerra em uma escala mundial. Ela seria nuclear e destruiria toda a vida na Terra; o experimento humano na Terra terminaria.

Os Mestres têm certeza que Seus trabalhos, Seus dons para a humanidade de proteção, ensinamento e orientação, permitirão à humanidade, em tempo, se afastar do abismo, mudar de direção. Esta é a última fase do trabalho de Maitreya.

Quando Ele estiver trabalhando abertamente no mundo, mesmo que não sobre o nome de Maitreya, será para levar a humanidade à este ponto. Quando isso for alcançado, quando as pessoas por elas mesmas estiverem mudando de direção, Ele poderá revelar Sua verdadeira estatura e propósito. Os Mestres vêem a presente situação no Iraque, na América em geral com a presente administração, como um tipo de soluço no processo de mudança. Eles não vêem isso como o fim que irá nos fazer cair no abismo.

Então, para os Mestres, este não é o "fim do jogo". O fim do jogo está nas mentes de fundamentalistas que pensam que existem "fins de jogo", que nós estamos próximos do fim dos tempos e que talvez eles estejam contribuindo. O Presidente dos EUA é um Cristão fundamentalista que acredita que Deus está dirigindo ele. Eu acredito que ele está vivendo em uma ilusão, e eu partilho esta crença com milhões de outros nos EUA e no exterior. Mas o efeito disso é que muitas pessoas estão, em suas mentes, e em alguma extensão em seus corações, condicionadas pelos ensinamentos dos fundamentalistas que vêem estes tempos como os "Tempos Divinos", os tempos previstos em suas escrituras, e que eles estão em linha com os "pronunciamentos de Deus" através das escrituras Cristãs. Eles não são nada deste tipo, mas é nisso que elas acreditam, e eles têm a força de milhões.

Muitos anos atrás, eu me lembro que foi dito que existiam 40 milhões de fundamentalistas Cristãos neste país [EUA] de uma população de 275 milhões de pessoas; uma enorme proporção. Os fundamentalistas são muito fortes entre os grupos religiosos aqui, sejam eles Batistas ou Católicos Romanos. Cada um deles possui seus braços de fundamentalismo, e eles compõem uma enorme proporção de Cristãos na América.

Maitreya diz: "Mantenha seu olho no prêmio e o prêmio é a humanidade." Maitreya apareceu em uma marcha em Londres, em Fevereiro de 2003, e foi entrevistado em vídeo por um pequeno grupo de estudantes. Alguns de nosso grupo estavam próximo. Ele apareceu no disfarce de um homem Caribenho e Ele era maravilhoso. Ele disse: "Eu estou tão feliz. Eu estou tão feliz em ver todos vocês jovens marchando pela verdade, pela paz, e pela justiça, é tão lindo ver isso." E então Ele disse: "Mantenham seus olhos no prêmio e o prêmio é a humanidade!" Então um jovem veio à Ele, e eles "apertaram as mãos". Aquele homem mais novo era um discípulo de um dos Mestres. Eles foram embora juntos. Então: "Mantenham seus olhos no prêmio, e o prêmio é a humanidade!" ***

"Que nem todos os homens, inicialmente, reconhecerão Ele, talvez, precise ser dito. Nem todos sabem o verdadeiro plano de fundo de Sua vida e vinda. Mas, mais e mais, eles verão a sabedoria de Suas palavras, sentirão a benção de Sua presença, e saberão de dentro de seus corações a verdade que Ele pronuncia."

"De dentro de seus corações, também, eles responderão, reconhecendo Ele como o Instrutor para a Era. Deles, Ele irá evocar o desejo de partilhar, em recriar um mundo equilibrado e harmonioso. Quando os homens perceberem a urgência da tarefa, eles liberarão sobre as desigualdades do presente, uma força para o bem diferente de qualquer coisa vista antes. A transformação do mundo prosseguirá rapidamente e os homens trabalharão juntos como irmãos para o bem de todos. Assim será. Assim a Nova Era será construída pelo próprio homem, sobre a orientação de Maitreya e Seu Grupo. A separação do passado dará lugar à cooperação e partilha; o egoísmo e ganância, à um novo sentimento de justiça. De dentro do próprio homem, virá a necessidade por melhora, um testemunho da divindade inerente em todos nós. Esta divindade Maitreya mostrará como sendo a natureza do homem, e Ele, o Agente de sua manifestação.

"Já, os sinais de Seu trabalho estão aparentes à todos. Os velhos dogmas morrem; novas vassouras estão varrendo os detritos do passado. Os homens mais velhos hesitam, mas uma nova força de verdade bate em suas paredes, desmoronando e preparadas para batalha. Não por muito tempo eles irão suportar esta nova força pela retidão e justiça." *("A emergência de Maitreya")*

É assim que os Mestres vêem o efeito de Maitreya quando Ele começar a falar abertamente ao mundo. Nem todos O reconhecerão. Alguns O chamarão de Anticristo. Eles me chamam o precursor do Anticristo, o "enviado" do Anticristo. Eu fui chamado disso por um longo tempo.

A VOZ DE MAITREYA

"Com cada dia que passa, a aparição diante do mundo do Grande Senhor chega cada vez mais perto. Logo agora, a humanidade saberá que vive entre eles um homem com os mais incomuns atributos: uma capacidade por serviço condicionada apenas pela Lei Kármica; um conhecimento desta lei único mesmo entre Seus pares; uma sabedoria criada da experiência de milênios; da profundidade desta experiência, uma visão do Propósito encarnado no Plano de Deus..." *(O Mestre —, de "A voz de Maitreya", SI, Julho de 1994)*

Este é o tipo de homem que nós iremos ver. Um homem extraordinário, diferente de qualquer um que nós já conhecemos antes. Ninguém no mundo, com exceção talvez de outro Mestre, pode falar com o conhecimento, a sabedoria, a experiência de muitas eras, que Maitreya tem. Você precisa ser um Mestre e você precisa conhecer não apenas o mundo e todos os seus problemas, todas as suas dificuldades, tudo o que é necessário no caminho da mudança, mas também o mundo do significado. Você precisa saber o significado e propósito da vida na Terra. Você precisa ser capaz de ter, pelo menos, uma idéia vaga disso para a humanidade do momento. Uma coisa é ser o Cristo ou ser um Mestre e falar com a humanidade, mas a não ser que seja em termos que a humanidade possa reconhecer, então nada seria comunicado. Então é uma compreensão dos problemas, e as soluções aos problemas, apresentados à humanidade de uma forma que os torne reais, os torne palpáveis, que nós os reconheçamos como nossos próprios problemas, e que o caminho para fora é uma resposta lógica e crível à eles.

Esta, talvez, seja uma das razões porque mais pessoas não aceitam esta informação, o que nós podemos esperar que elas deviam, porque eu acho que provavelmente nós não sabemos como apresentá-la de uma forma que seja totalmente crível, totalmente compreensível, e vista como parte de suas próprias experiências.

Se nós fôssemos um Mestre, principalmente Maitreya, nós poderíamos projetar em suas mentes respostas, experiências e visões, que consolidassem a informação, a tornasse real para elas. Isso é algo que é raro; algo que no todo, nós não podemos fazer.

Isso não quer dizer que nós não deveríamos tentar, não deveríamos gastar o quanto de energia e tempo que poderíamos em contar esta história, tornando conhecido o fato da presença do Cristo e da natureza de Suas prioridades, a necessidade por mudança, e os tipos de mudança que Ele vê que devem ocorrer.

Nós precisamos apresentá-la de uma forma que a torne real para as pessoas; elas precisam experienciá-la. Você precisa fazer com que elas sintam que as pessoas estão morrendo de fome. Não apenas palavras, mas elas precisam experienciar o que morrer de fome significa em alguma extensão. Você precisa colocá-la em um quadro que elas verão como próximo delas, mesmo quão horrível pareça ser. Dar uma lista de estatísticas passaria por cima de suas cabeças. Estatísticas são difíceis de entender. Você pode dizer que 20 por cento das pessoas no mundo usam 80 por cento dos recursos do mundo, e isso não significa muita coisa. Isso é um fato, um fato terrível, mas ele é facilmente encoberto. Mas as pessoas podem ter uma visão dos pobres, dos famintos, quando elas verem Maitreya e ouvirem Suas preocupações pelos milhões que passam fome, porque estes são os pobres sobre os quais Ele está falando. Ele não está falando sobre a bem alimentada classes-média na Europa, América e Japão. Ele está falando e está preocupado quanto aos milhões de pessoas vivendo com um dólar ou menos por dia; as pessoas que não têm absolutamente nada, que são todas pele e osso, e estão morrendo em milhões. Esta é a qualidade que Maitreya pode transmitir às pessoas, com o mínimo de excesso, e com a energia que leve o amor e compaixão delas, à lidarem com o problema. E então, a resposta à Matreya será totalmente diferente do que *nós* poderíamos conseguir dizendo as mesmas coisas. Mas nós não devemos achar que isso será fácil.

"... uma habilidade de falar, simplesmente, aos corações dos homens; uma consciência das necessidades dos homens e como estas necessidades podem ser garantidas; uma preocupação e amor por todos, sem limites, insondável, além de toda possibilidade do homem imaginar. Um Herói, um Titã, está no meio dos homens, e logo eles despertarão para Sua presença.

"Logo, muito logo agora, Maitreya planeja se encaminhar à uma grande parte da humanidade e familiarizá-la com Suas esperanças e planos, em partilhar com ela Suas visões de um mundo melhor para todos. Deste tempo em diante, o processo de Sua emergência continuará rápido, e, juntando ímpeto, O trará abertamente diante do mundo. Assim o Filho do Homem cumpre Sua promessa de retorno, e assim os homens sabem que o momento de suas libertações está próximo.

"Enquanto aguardando um convite para emergir e falar diretamente com os homens, Maitreya não, vocês podem ter certeza, se mantém ocioso. Poderosas e profundas transformações Sua presença já forjou e, mesmo conforme estas palavras estão sendo escritas e lidas, mais mudanças profundas podem ser esperadas a aparecer.

"Uma nova voz está sendo ouvida nos assuntos dos homens, articulada por algumas poucas mentes sensíveis entre os líderes das nações. Mais e mais, esta voz dará expressão às principais necessidades de nosso tempo: paz, tolerância, perdão de erros passados, cooperação e partilha para o benefício de todos. Esta voz surgirá dos corações e mentes de todos que amam seus irmãos, criando uma demanda invencível pela reconstrução e renovação do mundo. Esta é a voz da nova era. É a voz de Maitreya.

"Juntem suas vozes à esta união de clamor pela paz e justiça, e tornem-se conscientes de seus lugares na história. Um novo mundo está sendo criado e necessita do envolvimento de todos: todos têm um papel a exercer neste grande empreendimento; ninguém deve se sentir muito jovem ou muito velho para falar em voz alta suas aspirações." *("A voz de Maitreya")*

Já existem indivíduos, e logo grupos de indivíduos, que falarão em voz alta, já estão falando em voz alta, as necessidades do mundo. Nós não estamos sozinhos em expressar a necessidade por justiça de maneira a assegurar paz no mundo. Muitos milhares, e talvez milhões de pessoas, acreditam que este seja o caso. Nós somos os beneficiários do conhecimento sobre a presença de Maitreya, e isso cria uma situação diferente. Mas nós precisamos entender e lembrar que milhões de pessoas precisam responder internamente à Maitreya, que existem grupos diferentes, diferentes tipos de pessoas, pessoas em grupos políticos e nos negócios e bem-estar, nas ONGs, que estão preocupadas com a necessidade de transformar o sistema de distribuição do mundo de forma que, as pessoas em todos os lugares, possam viver vidas decentes.

Nós tendemos a pensar, porque nossa tarefa é a de tornar conhecido que Maitreya está no mundo, e que os Mestres estão retornando ao mundo, que isso termina aqui, que nós somos os únicos com essas idéias. Mas este não é o caso. Quando nós entendermos que as mesmas idéias, se não o Reaparecimento do Cristo, mas as mesmas idéias políticas e econômicas, são partilhadas por milhões de pessoas ao redor do mundo, então você pode ver que isso torna nosso trabalho muito mais fácil. Eles não vão necessariamente concordar que o Cristo está no mundo, mas isso não é importante se eles concordarem que o mundo precisa de partilha, que o mundo precisa de justiça, se nós quisermos ter paz. Esta é a coisa importante.

Se apenas o Sr Bush ou o Sr Blair soubessem que esta verdade está por trás dos eventos do tempo vindouro, isso mudaria todo o clima do mundo. Infelizmente, eles não sabem. Eles apenas acreditam na guerra, pelo menos o Sr Bush apenas acredita na guerra – guerra como guerra ao terrorismo. Ela está se tornando muito popular, "a guerra ao terrorismo", e a guerra no Iraque, é lógico, é vista como uma guerra ao terrorismo, o que não é. Isso é uma mentira. Estas mentiras estão aparecendo rápido, uma atrás da outra, e as pessoas deste país [EUA] e do mundo no geral, se elas não soubiam sobre as mentiras antes, elas certamente conhecem elas agora.

O tempo desses homens pequenos está acabando, e esses homens possuem pouca consciência, nem mesmo o respeito aos seus povos, para dizer que eles estavam errados, que eles erraram, e em se desculparem. Se eles fizessem isso, ocorreria uma transformação em suas posições em cada país, e eles talvez levariam mais em conta as mentes de seus povos. Mas eles não conseguem. Eles são muito arrogantes para fazerem isso.

"Um novo mundo está sendo criado e necessita do envolvimento de todos: todos têm um papel a exercer" *("A voz de Maitreya")*

A ENTRADA DE MAITREYA

"Quando, como agora, o homem está na encruzilhada, aguardando orientação sobre qual direção tomar, ele cria uma solicitação invocativa por ajuda. Inevitavelmente, quando a solicitação alcançou um certo ponto, Nós, seus Irmãos mais Velhos, respondemos. Assim é hoje conforme os homens tropeçam de forma selvagem no caos de suas próprias criações, com medo de tomarem o único passo que os salvará de mais caos.

"Neste turbilhão, Maitreya está prestes a entrar, totalmente consciente da tarefa que está adiante. Apenas um Ser de Sua imensurável sabedoria poderia aceitar tal fardo.

Apenas alguém de Sua incomparável coragem, poderia realizar tal tarefa.

"Para fora das condições anárquicas do presente, Ele deve construir a nova e melhor ordem. Para fora da agonia de milhões, Ele deve criar um novo mundo.

"Quem está lá para ajudá-Lo em Seu trabalho de salvação?

"Por que reunir-se por Sua causa e ajudar seus irmãos e irmãs?

"Agora, como nunca antes, há a oportunidade para servir o mundo em trabalho, um novo mundo aguardando para nascer." *(O Mestre —, de "A entrada de Maitreya",* **SI***, Dezembro de 2001)*

Esta é a chance para todos servirem o mundo como nunca em sua história, porque os problemas de hoje, e a mudança deste mundo problemático para o novo mundo, a Nova Era, nunca será repetida. Existirão novas eras, mas este é o ponto de crise na história da humanidade e do mundo. Então nós, aqueles de nós que mostraram nossa preocupação de várias formas, devemos nos lembrar que o tempo é curto para darmos tudo o que temos, cada libra de força, concentração e entusiasmo, pela tarefa de falar ao mundo, de tornar conhecido o fato da presença de Maitreya, a presença de certos Mestres, e a eventual exteriorização do trabalho de um grande grupo de Mestres.

"O Grande Senhor procura investir cada vida individual com santidade e valor." *("A entrada de Maitreya")*

Uma das tragédias de hoje é que, literalmente milhões e milhões de pessoas, não têm sentido de seus próprios valores. Elas não contam, e elas sabem que elas não contam. Elas sabem que suas vidas são insignificantes, e um pouco melhor do que a de animais. Não é permitido às suas consciências crescerem; suas consciências são limitadas. Elas vivem para trabalhar, se elas têm sorte o suficiente para terem um trabalho, trabalho que é freqüentemente mecânico, duro e simplesmente trabalho pesado por uma pequena quantidade de dinheiro, por dificilmente o suficiente para manterem suas famílias alimentadas. Esta é a realidade para incontáveis no mundo. Lembrem-se que a China têm um bilhão de pessoas, que a Índia tem quase o mesmo, talvez 850 a 900 milhões, e a América do Sul, África, e outras partes do mundo, têm milhões de pessoas que vivem vidas atrofiadas e desagradáveis. Elas não contam. Elas não têm posição na sociedade. Elas não têm voz quanto às suas próprias vidas ou futuro. Elas são apenas peões, seres humanos que quase não existem, explorados e pobres em cada sentido da palavra. Pobres em experiência, pobres no sentido material.

Maitreya "procura investir cada vida individual com santidade e valor". Levar cada pessoa à experiência de que ele ou ela é uma alma em encarnação, que elas contam, que cada alma conta, que não há uma alma separada de qualquer outra alma. Que todos, sejam lá suas condições agora, deveriam ter, e terão, um direito igual à educação, alimento, abrigo, saúde, e a realização de seus potenciais totais como almas vivas.

Quando isso acontecer, quando as pessoas tiverem um sentido total delas mesmas como almas e de seus próprios valores, que elas contam, suas autoestimas crescerão, elas se tornarão uma força criativa em suas vidas, e o mundo será transformado. Se você pensar no dom do talento, de recursos, de milhões e milhões de vidas que hoje não são nutridas, subestimadas e condenadas à existência mais baixa possível, você consegue imaginar, então, a transformação que ocorrerá nesta Terra.

Esta é provavelmente a coisa mais importante que Maitreya vem fazer. Dotar milhões e milhões de pessoas com um sentido de seus próprios valores, suas autoestimas e o fato que elas contam, que todos na Terra estão aqui por um propósito. Que propósito vem com o fato de que elas são uma alma, que é por causa do propósito da alma que elas estão aqui, e que todos embarcaram em uma jornada, uma aventura, aberta à todos nós, mas que é negada à vasta maioria das pessoas hoje como uma experiência consciente.

Nós, pessoas da classe média, vivendo bem, aproveitando experiências cultas e enriquecedoras de nossas vidas, temos pouca noção da depravação, a falta de consciência e esperança que condenam milhões de pessoas à pobreza sem fim e à morte indigna. Maitreya é a única pessoa no mundo que poderia conferir à esses milhões um sentimento de valor próprio, de auto-estima sem a qual ninguém pode criar algo de valor. Você consegue imaginar a mudança que ocorrerá quando esses milhões estiverem contribuindo para riqueza e felicidade, a cultura e a riqueza de idéias que estão prestes a mudar o mundo.

"Ele procura livrar o mundo da violência e da guerra. Onde Ele encontrará Seus ajudantes? Quem está pronto para responder? Quem tem a coragem de ajudar o Senhor do Amor? Ele já conhece aqueles quanto aos quais Ele pode depender." *("A entrada de Maitreya")*

Maitreya sabe provavelmente tudo de qualquer importância no mundo e, é lógico, Ele precisa conhecer aqueles quanto aos quais Ele pode depender. Ele precisa conhecer aqueles que, já em suas vidas, sinalizaram suas prontidões em trabalhar com Ele pela restauração do mundo.

Sentados aqui em nossas sortes, nosso conforto, bem alimentados, é muito difícil para nós sentirmos as mudanças que florescerão na maioria das pessoas do mundo. Existem 6.5 bilhões de pessoas em encarnação, e nós no Ocidente compomos apenas um terço disso, talvez 2 bilhões. Milhões, dois-terços da população, são prejudicados em um grau maior ou menor do que nós imaginamos. Isso é algo que nós temos que manter em nossas mentes. Porque se nós não mantivermos, nós trabalharemos sempre (acreditemos nisso ou não, reconheçamos isso ou não) da complacência que está na raiz de todo o problema.

As pessoas dizem que o dinheiro é raiz de todos os problemas. Maitreya diz não, não é nada disso. Dinheiro é apenas uma energia. Ele pode ser utilizado para o bem, ou ele pode ser utilizado para o mal.

O verdadeiro mal, a causa fundamental de todos os problemas do mundo hoje – o fato de que dois terços do mundo vivem em absoluta pobreza, com menos de um dólar por dia, enquanto que outros não têm nem isso, e estão morrendo em milhões – a raiz de tudo isso, é a nossa complacência. Se nós não fôssemos complacentes, nós não suportaríamos viver em um mundo nos quais estes eventos estivessem acontecendo, essas pessoas morrendo no meio da plenitude. Nós não permitiríamos isso acontecer, se nós não fôssemos complacentes. Isso é algo que nós precisamos lembrar, e precisamos divulgar, tornar uma parte fundamental de qualquer conferência ou palestra que nós façamos, porque esta é a raiz de todos os problemas no mundo.

Isso é um sinal de separação. Complacência é o resultado da separação – o sentimento de que nós somos separados, e que pela competição, nós nos tornamos superiores – e que esta superioridades nos permite viver o que nós chamamos "bem". Mas nós não podemos viver "bem" quando dois-terços do mundo estão vivendo e morrendo em absoluta pobreza. Não é possível fazê-lo com impunidade, e nós não o fazemos. O resultado é o crime. O resultado é catástrofe de um tipo ou outro – governos que criam guerras por petróleo, por exemplo. Isso é uma catástrofe, e é apenas possível porque nós somos complacentes, porque nós não reconhecemos as necessidades das milhões de pessoas que não conseguem aquilo que nós conseguimos: comida regular, lazer, educação e saúde.

Esta é a base real para se trabalhar com o Cristo. Se alguma coisa é importante, isso é importante. Apenas aqueles que conseguem sofrer com aqueles que sofrem conseguem experienciar, verdadeiramente, o poder e amor do Cristo. E Ele já conhece aqueles que podem responder. Eles são aqueles que são altruístas, que são o oposto de complacentes, que estão conscientes e engajados na vida em cada sentido da palavra. Não apenas suas próprias pequenas vidas, mas a vida do mundo; não apenas com suas famílias e amigos, mas com o mundo de seis bilhões e meio de pessoas, dois terços dos quais estão vivendo em absoluta pobreza. Estas são as pessoas que Maitreya poderá chamar, que reconhecem isso e estão ansiosas por mudança.

"Seu mantra é: não temam! Tudo, em tempo, será renovado. Tudo, em tempo, será retornado à Luz." (*"A entrada de Maitreya"*)

"Seu mantra é: não temam!"Que mantra! Nada inibe mais a humanidade do que o medo. O medo pareceria ser intrínseco à condição humana, e mesmo assim, do ponto de vista dos Mestres, ele não precisa ser. As pessoas estão literalmente cheias de medo. Medo é incentivado em cada criança da idade mais baixa possível, e este condicionamento alimenta os medos que cercam cada indivíduo, quase, na vida inteira. Eu não sei a proporção daqueles que temem e que não temem, mas o número de pessoas que não conhecem o medo deve ser pequenino de fato. Mesmo assim, o mantra de Maitreya é: não temam!

Se você tem medo, você se torna inútil, você está inibindo tanto a si mesmo, que você tem medo de agir. Se você tem medo de agir, porque você tem medo de mudar, você tem medo do que acontecerá se você agir. Este é o estado da humanidade hoje. Nós sabemos que guerras poderiam ser terminadas. Nós sabemos isso, mas nós permitimos que elas ocorram, porque nós temos medo.

Eu estou absolutamente impressionado que as Nações Unidas permitiram ao Sr Bush atacar o Iraque e o Afeganistão. Eu não consigo imaginar como o Sr Blair pôde se alinhar com isso. O Sr Blair é um homem inteligente, um advogado, um Primeiro Ministro, que tinha muitos seguidores que ele jogou fora por uma ambição de ser o príncipe do mundo. Se o Sr Bush é o rei do mundo, rei do castelo, Blair é o príncipe. Se Bush é o chefe, o rei, líder do maior, mais forte, mais rico e mais influente país do mundo, e se ele, Blair, juntar-se à isso e for visto como tendo uma relação especial com Bush e a América, então ele é o príncipe, o próximo na linha de sucessão. Este é o glamour, a ilusão.

"Em seu mundo infeliz, agora, Maitreya dá um passo adiante. Ele conhece suas agonias e sofrimentos melhor do que vocês mesmos, pois Ele sabe, também, a alegria que são seus direitos de nascença." (*"A entrada de Maitreya"*)

Esta é a tragédia. Maitreya e os Mesres vêem a alegria que é o direito de nascença de toda a humanidade, que não há necessidade por dor e sofrimento que são, em sua maior parte, criados por nós mesmos-- se não de karma, então dos governos errados que nós elegemos se nós somos democráticos, ou de ações erradas de tiranos e homens profanos que tomam o poder sobre as pessoas.

Isso deixa a humanidade em um estado terrível: sonhando com paz, sonhando com o que poderia ser feito no próximo ano com a nossa casa, aos campos, como nós poderíamos colher isso, e como nós poderíamos fazer aquilo. Se apenas nós tivéssemos um pouco de dinheiro, nós poderíamos transformar este pequeno pedaço de terra, e nós poderíamos talvez ter outro filho, e talvez a vida seria boa, talvez ela seria.

Existem milhões, literalmente milhões, de homens e mulheres ao redor do mundo, que pensam assim, que apenas precisam de um pouco mais de dinheiro para fazer algo pequeno, uma grande melhora em um galpão em ruínas em uma casa, ou em aumentar suas pequenas propriedades para cultivarem um pouco mais, e talvez, eles poderiam vender um pouco mais, conseguir um pouco mais de dinheiro, e fazer este pequenino, minúsculo remendo, esta pequena propriedade que milhões têm, mas que é muito pequenas para alimentar suas famílias.

Alegria, que é nosso direito de nascença, está na mente de Maitreya a todo o momento. Se você pudesse ver dentro do coração de Maitreya, você veria a dor, o sofrimento, a terrível agonia de incontáveis milhões, seus gritos, seus desejos, algumas vezes por morte, por uma vida melhor, por mais amor, mais habilidade, educação, mais conhecimento sobre como alimentar seus familiares. Milhões estão nesta posição, e dia a dia, eles estão cheios de angústia e sofrimento que nós, com nossos pequenos problemas, raramente conhecemos. Estes são sofrimentos constantes, que a maioria das pessoas no Ocidente nunca experienciaram. Ainda assim, eles são a experiência comum de dois-terços da população do mundo. É isso o que Maitreya vê. Esta é a consciência, de momento a momento, de Maitreya. Se você pudesse ver a Sua vida, você veria isso em Seu coração; Ele leva isso junto com Ele.

Ao mesmo tempo, Ele leva com Ele Seu sentimento de alegria, Sua alegria como um Mestre, como um Ser Divino Cuja natureza é alegria, e estas duas coisas estão simultaneamente em Sua experiência. Ele sabe que a dor, a agonia da maioria das pessoas no mundo, poderia ser mudadas de forma muito simples, com apenas um pouco mais: um pouco mais de comida, um pouco mais de dinheiro, um pouco mais de material de construção, ou seja lá o que elas precisam.

"Esta alegria, Ele restauraria à vocês em total e perfeita medida. Para isso, Ele está entre vocês." (*"A entrada de Maitreya"*)

Ele vem para nos mostrar como sermos nós mesmos, como almas, e a natureza da alma é alegria, infinita alegria, sem restrições. O que fica no caminho da manifestação e experiência de nossa alegria é o nosso medo, nosso medo da vida, nosso medo da morte, nosso medo de tudo que poderia mudar o que nós conhecemos. O medo da mudança preenche a humanidade, e ao mesmo tempo todos nós temos um desejo por mudança, por melhora. Mas como nós sabemos que a mudança é para melhor ? Este é o atrito. Não mudança por ela mesma. Nós queremos mudança que seja melhor, e as pessoas fogem da mudança, se elas não sabem que ela será para melhor. A tarefa de Maitreya é a de mostrar à humanidade que a mudança que ela deseja é para melhor. Esta mudança transformará as vidas da vasta maioria das pessoas no mundo.

Existem, é lógico, muitas pessoas ricas, pessoas muito poderosas, que não irão se beneficiar – desta forma – da experiência de Maitreya, que vêem que a vinda de Maitreya é um sinal de perigo para elas, que lutarão amargamente para manterem a manifestação de Maitreya fora do conhecimento comum; e fora da vida como nós a conhecemos. Está acontecendo agora; isso esteve acontecendo por anos.

Não é sem motivo que levou 30 anos para esta informação se espalhar o mais amplamente possível, de forma que hoje, 30 milhões de pessoas tenham ouvido sobre história do Reaparecimento do Cristo. De 30 milhões, cerca de 20 têm uma expectativa de mente aberta de que possa ser verdade, elas esperam ansiosamente por isso, elas gostariam que fosse verdade. Elas não conseguem dizer que é verdade, porque elas não têm esta convicção, mas elas têm um sentimento de mente aberta que seria maravilhoso se fosse. Aqueles que realmente acreditam nisso e trabalham por isso, para os quais é uma realidade, são cerca de 2 milhões de pessoas. São muitas pessoas, mas comparado com a população do mundo, é muito pouco de fato, mas o suficiente.

Maitreya disse há muito tempo nos livros da Agni Yoga: "Havia um tempo onde dez homens verdadeiros podiam salvar o mundo. Então veio um tempo quando dez mil não eram o suficiente. Eu chamarei por um bilhão." Cinco ou seis anos atrás, eu perguntei ao meu Mestre: "Maitreya já têm o seu um bilhão de pessoas?" Ele disse: "Um bilhão e meio." Ele tem agora bem mais que um bilhão e meio de pessoas prontas para responderem ao Seu chamado por partilha e justiça no mundo. Não precisa ser cada pessoa, mas uma proporção de pessoas que criam a mesma convicção em centenas, então milhares e então milhões de outras pessoas, aquela massa crítica pertinente que um bilhão e meio de pessoas excede. Maitreya não tem dúvidas quanto a resposta da humanidade.

"Leve-O ao seus corações e deixe-O servir à vocês. Conheçam Ele como seu amigo e Irmão de Outrora. Deixe-O guiá-los e ensiná-los; assim, vocês crescerão em suas divindades.
"O tempo chegou quando vocês verão o Seu rosto. Seu sorriso de amor irá levá-Lo ao lado de vocês. Vocês descobrirão seu amor ampliado mil vezes e, dando-o em serviço à Sua Causa, entrem no Plano do qual vocês são parte." *("A entrada de Maitreya")*

Todos nesta sala, tomaram encarnação neste momento de maneira a servirem o Plano, de uma forma ou de outra, em sua maior parte no imediato sentido de preparar o caminho para Maitreya. Este é um fato conhecido para a maioria de vocês, mas talvez não por todos vocês.

O GRANDE SENHOR EMERGE

Qual será o resultado da vinda de Maitreya ao mundo? É interessante especular. Mas um resultado será:
"Passaportes se tornarão uma coisa do passado. No tempo vindouro, as pessoas serão livres para entrar e sair de qualquer país à vontade. Tão grande será a confiança criada pela presença de Maitreya, que todas as portas serão abertas, e uma grande e enriquecedora troca de pessoas ocorrerá. Assim, os homens aprenderão, conhecerão e amarão seus irmãos, vendo eles como pouco diferentes de si mesmos." *(O Mestre —, de "O Grande Senhor emerge", **SI**, Junho de 1988)*

Isso não é extraordinário? Você não precisa ser revistado. Você não precisa tirar seus sapatos. Você não precisa passar por aquela máquina que mais parece uma guilhotina, com o raio-x. Você apenas prossegue, mostra sua passagem, se mesmo precisar de uma passagem.

"Dentro de semanas (isso foi escrito há algum tempo atrás), a missão aberta de Maitreya começará, atraindo à Ele aqueles que se importam e desejam servir o mundo de todo o coração. Aqueles ao redor e próximos Dele prepararão o terreno, delineando Seus preceitos e ensinamentos. Quando uma certa saturação tiver sido alcançada, Ele mesmo entrará no cenário mundial.

"Já as políticas das nações estão sendo reformuladas por Sua influência. Já, muitos em posições altas, sabem de Sua presença e aguardam Seu anúncio. Assim Ele trabalha calmamente, afetando, sobre a lei kármica, o futuro da raça.

"O futuro guarda para o homem inacreditável promessa. A partir do Dia da Declaração, começará um processo que transformará este mundo, e levará os homens aos níveis mais altos de realização.

"Neste dia, homens e mulheres em todos os lugares, experienciarão a natureza do amor de Deus, e a conhecerão isso, como sendo deles mesmos. Através de seus corações, fluirá o Raio de Maitreya, evocando deles uma compreensão totalmente nova. Partilha e Justiça serão Seus chamados, e assim guiados e inspirados, os homens responderão em total medida, refazendo o mundo sobre Seu sábio conselho.

"Não é por acaso que Ele aguardou até agora para fazer Sua aparição. Apenas agora os homens estão tomando os passos para colocarem sua casa em ordem. Assim, apenas agora Ele pode vir adiante e liderar.

"No Dia da Declaração, Ele delineará o futuro para o homem, mostrando as alternativas que encaram a raça hoje. A escolha do homem, Ele mostrará, pode apenas ser pela partilha, pois nenhuma outra pode sustentar mais o planeta."
("O Grande Senhor emerge")

Nós, o mundo desenvolvido, isso quer dizer, um terço da população mundial, desperdiçamos e despojamos os recursos do planeta, e estamos tornando o mundo insustentável. O mundo não consegue sustentar muito mais os métodos de agricultura das nações Ocidentais hoje, com os resultados mais terríveis, a poluição que cobre o mundo, o ar, a terra, os rios e mesmo os oceanos. Nós destruímos gigantescas áreas do que já foram florestas que suprem, ou supriam, o oxigênio que precisamos para viver. Nós estamos tornando este planeta insustentável. Mesmo se a partilha dos recursos do mundo não fosse um problema, seria inevitavelmente, impossível para o mundo, agüentar muito mais do presente desperdício de recursos. Precisamos partilhar de forma que todos possam viver, mas precisamos aprender a viver de forma mais simples, afim de que todos nós possamos viver. Nós precisamos simplificar nossos estilos de vida e fazer menores e mais inteligentes demandas ao planeta. O equilíbrio ecológico do mundo será uma das principais preocupações de Maitreya, e Ele irá do nível mais alto mostrar a má utilização do planeta Terra, e os inevitáveis problemas de se continuar como nós estamos. A necessidade por ação a este respeito se tornará óbvia para cientistas, e através deles, para os governos do mundo. Até alguma extensão, é lógico, isto já está acontecendo, mas não o suficiente.

"Os homens devem saber que todos são necessários para superar os males do passado. Divisão e separação têm raízes antigas, e não irão facilmente abrir mão de seus domínios. Cada um, portanto, deve ver como sua tarefa ajudar o Cristo em Seu trabalho de transformação, dando o seu melhor para reconstruir o mundo.
"Logo, o mundo saberá do Esplendor em nosso meio. Logo, os homens chorarão de alegria quanto a Sua aparição.
"Logo, também, eles tomarão para si mesmos a tarefa de socorro, restabelecendo a verdadeira unidade do homem. Assim será. Assim os homens conhecerão, pelo menos, aquela Fraternidade que eles por muito têm desejado, mas até agora foram incapazes de encontrar." *("O Grande Senhor emerge")*

AÇÕES DA AMÉRICA E DE ISRAEL

Você pode pensar que nós não estamos indo adiante, que na verdade, nós estamos indo para trás. Cada vez que há uma calamidade como o 11/9 ou o ataque no Iraque ou algo assim, nós sentimos que estamos indo para trás. As pessoas escrevem para mim e dizem: "Isso afetará a vinda de Maitreya? Ele atrasou a Sua vinda?" Na verdade, a resposta é sempre não. Esses eventos não são nada, e eles de fato têm seus efeitos sobre a humanidade; 11/9 teve um impacto na América como nenhum evento que eu posso imaginar em sua recente história. Isso é bem extraordinário, porque o 11/9 foi um ataque em um prédio em uma cidade, e outra construção em outra cidade, então duas construções – as Torres Gêmeas em Nova York e o Pentágono em Washington, e um proposto, mas frustrado ataque à Casa Branca – que nunca aconteceu em outro momento em uma manhã. Mais de 3.000 pessoas foram mortas, que é um gigantesco número – mas não quando é comparado com a perda de vida em todos os ataques terroristas anteriores fora da América, na Grã-Bretanha pelo IRA, ou pelo ETA na Espanha por anos. Nem comparado com contínuos ataques de terror, mês a mês por anos; constantes ataques quanto aos quais você pode se acostumar se eles não são totalmente destrutivos, se eles não destroem alguma parte vital da vida diária das pessoas envolvidas.

Mas 11/9 pareceu ter um extraordinário impacto psicológico nas pessoas da América, e isdo foi trabalhado, amplificado fora de qualquer proporção, pela presente administração. Então, não foi permitido à vocês esquecer isso, assim como os Israelenses fazem do Holocausto – um acontecimento inacreditavelmente terrível – algo que a humanidade não deve de forma alguma esquecer. Eles o ergueram como um grande símbolo de suas dores e sofrimento, permitindo a eles qualquer excesso em relação aos Palestinos. Os Judeus em todos os lugares – corretamente, por causa do que aconteceu com o povo Judeu antes que Israel fosse criado – viveram diariamente na lembrança deste evento, quando 6 milhões de Judeus morreram nos campos de morte da Alemanha. Mas também morreram outros milhões de pessoas: Ciganos, Poloneses, Húngaros, Romenos e Russos morreram da mesma forma, nos mesmos lugares. Nós não ouvimos esses lamentos dos Russos, dos Poloneses ou dos Ciganos, das pessoa da Romênia ou quaisquer países da Europa Oriental.

Eu não estou tentando diminuir a importância ou o horror dos campos de concentração, mas a humanidade não pode ficar para sempre os mostrando como uma ilustração do quão terrível a humanidade pode ser. Isso, eu acho, é um erro profundo da parte do povo Judeu, e o governo Israelense em particular, de forma que o mundo nunca verá suas experiências a não ser pelas suas próprias visões de pena em relação à eles mesmos. Isso os impede de verem a realidade de suas próprias intolerâncias e intransigências em relação ao povo Palestino. De todas as pessoas no mundo que sofreram, sofreram por séculos, o povo Judeu provavelmente ganha o prêmio; mas na Palestina, isso não parece assim. O Holocausto é utilizado por Israel, mesmo inconscientemente, para justificar a opressão dos Palestinos de uma forma sem coração e que é profundamente perigosa para o mundo como um todo.

Americanos se perguntam porque as pessoas os odeiam. Bem, depois de 11/9, as pessoas amavam a América. Depois de 11/9, o mundo estava cheio de simpatia e sentimentos calorosos pelo povo dos EUA, porque eles tinham perdido 3.000 pessoas. Eles não eram todos Americanos, é lógico, mas mais de 3.000 pessoas morreram em um ataque às Torres Gêmeas, e o governo manipulou a situação e criou "uma guerra contra o terrorismo" como um resultado. Nunca poderá existir uma guerra contra o terrorismo, que é mundial, não contra um Estado ou país. É uma fantasia, mas isso dá à este governo o direito de fazer guerra em qualquer país que eles achem que está ajudando e auxiliando a atividade terrorista.

Eles mesmos estão ajudando e auxiliando a atividade terrorista. Eles apóiam Israel com £3 bilhões por ano, apenas para armamentos, de forma que o exército de Israel seja o mais poderoso na área, e um dos mais poderosos de todo o mundo. Ele tem a bomba nuclear. Ninguém pensa que ele não deveria ter a bomba nuclear. Por que o Iraque não tinha a permissão de ter uma bomba nuclear? Por que o Iraque não tem armas de destruição em massa e Israel tem a permissão para ter armas de destruição em massa? Uma da razões dadas pela presente administração Americana para o ataque ao Iraque foi a de que ele tinha 19 resoluções contra ele, da parte das Nações Unidas, que não tinham sido levadas adiante. Israel tem 63 resoluções contra ele que não foram levadas adiante. Por que? Porque os EUA tem um veto no Conselho de Segurança e não permitirão que as resoluções prossigam.

Este é o tipo de governo, eu temo, que está no poder na América. É um poder que ajuda e auxilia a opressão dos Palestinos, que ao mesmo tempo finge, tentando ajudar criar um estado da Palestina dento do Estado de Israel.

A melhor proposta que foi oferecida aos Palestinos para uma solução aos seus problemas e a criação de um estado Palestino foi colocada à frente no acordo de Camp David e foi rejeitada pelo Sr Arafat – corretamente, porque ela era desleal e injusta, e não teria durado pela mesma razão. Nada irá durar que seja basicamente desleal e injusto, porque as pessoas irão inevitavelmente se revoltar contra isso. Maitreya aconselhou o Sr Arafat a não assinar o acordo. Esta é uma das razões – existem muitas – pela qual o Sr Sharon odeia, detesta o Sr Arafat, e porque os Americanos tentaram colocar de lado o Sr Arafat e ter um Primeiro Ministro no lugar dele. [Falando sobre 2004.]

Não é possível para os Palestinos assinarem um acordo que dêem à eles algo como 40 por cento de suas terras. A Cisjordânia pertencia, até o ataque surpresa por Israel em 1967, ao Rei da Jordânia. Maitreya perguntou ao Rei Hussein da Jordânia (na Conferência que Maitreya realizou em Abril de 1990 em Londres), se ele abriria mão da soberania da Cisjordânia para que ela se tornasse uma terra para o povo Palestino. O bom Rei da Jordânia, agora morto, aceitou a proposta, e então a Cisjordânia se tornou o território possível, com a Faixa de Gaza, para os Palestinos.

Desde então, ela foi tomada pela construção de assentamentos pelos Israelenses, por boa parte da Cisjordânia. Eles são enormes conglomerados de construções com muros e um pouco de exército ao redor deles, afim de mantê-los seguros, e estradas construídas através da Cisjordânia conectando-os. Isso dividiu a Cisjordânia, até o que foi oferecido ao povo Palestino ser cerca de 40 por cento do território original. Esta é a realidade, e é por isso que Maitreya aconselhou o Sr Arafat a não assinar o acordo. Esta foi a melhor proposta que já houve. A construção de assentamentos tem continuado. Eles dizimaram completamente a Cisjordânia, tirando os Palestinos de suas terras, seus pomares, tornando impossível para eles conseguirem viver. Agora eles estão construindo um muro. Isso é feito de forma fria, profissional, em resposta ao que eles chamam de terrorismo das pessoas da Palestina que estão usando os únicos métodos que eles têm para conseguirem uma compensação, ou algo similar à liberdade que Israel quer para si mesmo.

Os antigos Israelenses ensinaram os Palestinos sobre o terrorismo. Israel foi formado pelo terrorismo. Existiam várias gangues, como a gangue Stern e a Irgun Zeva'i Le'umi. Elas lutaram como terroristas contra os Britânicos e Palestinos, e "conquistaram" a área que nós conhecemos como Israel. Elas lutaram e combateram por aquela terra, assim como o povo Palestino está lutando para permanecer no pequeno pedaço de terra que eles podem chamar de lar. É tão injusto, e isso tem o peso do governo Americano e a força do dólar e exército Americanos por trás. Nunca existirá paz no mundo enquanto esta situação continuar. Se não houver paz na Palestina, não haverá paz no mundo como um todo.

A guerra no Iraque é parte de uma guerra mais ampla no Oriente Médio entre duas forças opostas, as forças da luz e a forças das trevas, ou mal. As forças do mal se replicaram dos Poderes do Eixo na guerra de 1939 a 1945.

Existem três de tais pontos de profundo mal na presente situação; Um está neste país, os EUA, centrado no Pentágono; um está em Israel; e um está na Europa Oriental. Estes três pontos criam um triângulo que potencializa todas as energias que são enviadas através dele.

Esta é a mesma energia – embora felizmente em uma potência menor – que impulsionou Hitler, Mussolini, e os grupos ao redor deles, e os provocadores de guerra no Japão, de 1939 a 1945. É a energia das forças do mal neste planeta. Não é nada menos do que isso. Os Mestre disseram que levará toda a força e consciência da humanidade, mais aquela da própria Hierarquia, para contê-la. Ela será contida, mas enquanto isso, Israel está criando danos, sendo uma terrível ameaça no Oriente Médio, e a América está criando o mesmo dano no Iraque e no Afeganistão, e está pronta para fazer o mesmo onde for que a "necessidade" surja.

Um dos acontecimentos ocultos de grande importância para nós estarmos conscientes é o de que um grande número de forças Alemãs – exército, tropas da SS, alguns poucos majores, tenentes e generais – encarnaram em Israel, e muitos deles estão por trás dos eventos que estão ocorrendo na Palestina hoje. Sharon é um antigo terrorista dos primeiros dias de Israel, e existem vários como ele, mais ou menos com a mesma idade, que eram terroristas também. Eles lutaram e aterrorizaram afim de criar o estado de Israel. Agora, eles acusam os Palestinos de terrorismo, que eles aprenderam dos Israelenses. Os Palestinos não têm nada mais, nenhum outro meio, porque não é permitido à eles, por Israel, ter um exército, quaisquer armas além de armas caseiras, e o que eles conseguem contrabandear do Egito. É uma situação bem injusta e apoiada à faca pela presente administração dos EUA.

O tempo deles chegará. Este é o fim do tempo para aqueles lidando com o fim dos tempos.

A RECEPÇÃO DE MAITREYA

"Já que Maitreya está se aproximando ainda mais, vamos olhar mais atentamente às prováveis reações quanto à Sua presença. Em primeiro lugar, aqueles que trabalharam para tornar conhecida esta presença podem ficar surpresos ao acharem as reações muito mais silenciosas do que eles imaginaram." *(O Mestre — de "A recepção de Maitreya', SI, Outubro de 2001)*

Isso quer dizer que pessoas como você ao redor do mundo, aqueles que estiveram engajados por anos e anos em tornar conhecida Sua presença, podem ficar surpresos ao descobrirem que a reação de muitos é mais silenciosa do que imaginavam.

"Inicialmente, isso pode ser assim. Ao começar Sua missão aberta, o Grande Senhor deve andar cautelosamente, para não afastar aqueles que Ele procura ajudar." *("A recepção de Maitreya")*

Se Maitreya aparecesse e começasse a falar como eu falo, ninguém O ouviria. Seria tão perturbador que ninguém O reconheceria como o Cristo ou Maitreya, ou qualquer grande figura, mas apenas como um homem que está com uma "abelha no seu chapéu".

"Portanto, uma nota silenciosa, mas de coração, deve ser procurada. Em tempo, uma maior urgência e força de declaração será apropriada;" *('A recepção de Maitreya")*

Eu posso dizer o que eu quiser, mas Maitreya estará falando não para audiências convidadas, mas na televisão, no rádio e por aí vai. Então, é importante que Ele não faça com que as pessoas dêem as costas à ele.

"Em tempo, uma maior urgência de declaração será apropriada, e incisivo, de fato, será o Seu chamado aos homens. Espere, portanto, uma ênfase crescente, um aviso mais rígido dos lábios de Maitreya." *("A recepção de Maitreya")*

"Conte sobre as mentiras!" Ele diz, gritando: "Conte à eles sobre as mentiras! Mostre as mentiras! Mostre as mentiras!" Alguns dos membros do grupo nos EUA estavam dando uma palestra recentemente, e Maitreya e o Mestre Jesus estavam sentados lá (em disfarce), embora eles não soubessem disso naquele momento. Os colaboradores estavam respondendo respostas, e um deles estava dizendo: "Eles são..." (ele hesitou, não querendo usar a palavra) e ou Maitreya ou o Mestre Jesus disseram: "Prossiga, diga! Diga a palavra!" Ele ainda hesitou. "Diga!" Eles pediram à ele, "Fascistas, fascistas!". Maitreya falará diretamente, mas não no início. Uma nota mais calma, mas de coração, e então uma maior urgência, de forma mais vívida.

"Conforme o tempo prosseguir, Seus pensamentos encontrarão respostas de tipos diferentes. Aqueles mais tradicionalistas acharão muitas das Suas idéias difíceis de abraçar, e irão denunciá-las com termos estridentes. Outros, menos limitados, as considerarão e apreciarão, e deste grupo, Ele encontrará muitos que irão de bom grado expor Sua causa. Em número crescente, eles gravitarão à Ele e emprestarão suas vozes ao Seu conselho.

"Prosseguindo assim, o ensinamento de Maitreya evocará dos homens suas maiores aspirações, despertando-os aos problemas e perigos deste tempo; e também aos meios simples de se conquistar para sempre os problemas e perigos de hoje. Assim será. Assim os homens receberão a revelação e liderança que eles desejam, e assim eles pedirão pelas mudanças tão extremamente necessárias ao tecido das vidas dos homens.

"É lógico, é esperado que muitos irão se opor ao ensinamento do Grande Senhor. Grupos religiosos, profundamente presos em suas próprias doutrinas e expectativas, irão fortemente repudiar a presença das idéias de Maitreya, e muitas acusações desagradáveis serão dirigidas à Ele." (*"A recepção de Maitreya"*)

Eu fui chamado de "a besta" na outra noite em um telefonema de uma rádio. "Eu posso ouvir a respiração da besta atrás de você, George." George Noory foi o entrevistador e disse: "Você não parece com a besta."

"Mesmo assim, muitos serão inspirados e renovados em fé, e darão o seu melhor à Causa de Maitreya.

"O conglomerado de negócios, tão altamente investidos hoje nas estruturas em desintegração, reagirão em uma das duas formas: aqueles que vêem Maitreya como o inimigo de tudo o que eles defendem, irão se opor e contrariarão Seu conselho até o último esforço. Aqueles que vêem Ele como a voz do futuro, como o único caminho possível para os homens, irão dar as boas vindas, expor Suas idéias e emprestar suas experiências ao Seu crescente apoio." (*"A recepção de Maitreya"*)

Isto será provavelmente, cerca de um-terço à favor Dele e dois-terços contra Ele no mundo dos negócios, então são muitas pessoas.

"Assim, as facções agirão e tomarão seus lados: à favor e contra o futuro, o único caminho aberto ao homem.
"As massas em todos os lugares seguirão seus líderes. Gradualmente, elas perceberão que Maitreya fala para elas, suas necessidades, suas aspirações por uma vida melhor, mais segura para suas famílias, um futuro que elas possam vagamente sentir como seu de direito, esperando para nascer. Então, as pessoas do mundo erguerão suas vozes e apoio e louvor ao Grande Senhor, e pedirão pelo Seu ensinamento, afim de iluminá-las e enobrecê-las, e levá-las de bom grado àquele nascente e abençoado futuro." (*"A recepção de Maitreya"*)

Assim será. As pessoas tomarão seu lado. A grande Espada da Clivagem agirá e separará aqueles que estão prontos para o futuro, prontos para mudança, prontos para criarem um mundo no qual todas as pessoas possam viver vidas decentes, em um nível mais simples, mas um nível que todos descobrirão mais atraente, que valerá mais a pena. E aqueles que vêem um fim aos seus privilégios, seus poderes, seu dinheiro, suas facilidades em se conseguir mais dinheiro, e portanto mais poder; eles verão que este não é o caminho para eles. Eles irão ser opor à Ele, e existem agora aqueles que se opõem à Ele.

MAITRYEA SE APRESSA EM EMERGIR

"Muitos hoje estariam maravilhados pelo prospecto que Nós, seus Irmãos mais Velhos, vemos para o homem. Apesar dos perigos e tensões, as cries e alarmes, Nós sabemos que os homens se erguerão acima deles, e criarão o Novo Tempo. Nós sabemos que o tempo de teste está acabado, que uma barreira foi ultrapassada, e que o homem está no limiar de descobertas além da imaginação.

"Nós vemos, de fato, os problemas que os homens encaram. Nós conhecemos a apreensão que mata, a alegria em muitos corações humanos. Nós partilhamos a dor e agonia de incontáveis milhões vivendo e morrendo em desespero.

"Nós sabemos que apesar dos perigos e injustiça, o espírito de esperança está sempre pronto para se erguer e inspirar os atos mais elevados, pois isso é o divino no homem e é inextinguível.

""A escuridão mais profunda está bem antes do amanhecer" diz o velho adágio, e assim é hoje para os homens. Entre o caos e o medo, a perplexidade e a dor, Nós vemos a resolução e final do conflito, o brilho de luz que despertará os homens para a promessa do futuro.

"Tudo funciona sobre a Lei e um novo estado de equilíbrio está sendo criado por Nós. Apesar das aparências, um novo ritmo se impõe e levará ao equilíbrio este mundo em discórdia.

"O Próprio Maitreya maneja esta poderosa Lei e traz a sua origem cósmica aos assuntos dos homens. Assim, nova esperança ergue os homens, e assim, eles tomarão os passos para reformularem seus futuros de acordo com o Plano." *(O Mestre —, de "Maitreya se apressa em emergir",* **SI***, Setembro de 2002)*

O Mestre está falando, é lógico, sobre o Espírito da Paz ou Equilíbrio, Cuja energia é agora a mais poderosa em todo o mundo. Não a mais poderosa por si, mas a mais prevalente no mundo. Há mais desta tremenda energia cósmica funcionando, agindo e mudando eventos no mundo, do que qualquer outra tremenda energia que Maitreya libera.

O Espírito da Paz ou Equilíbrio, como muitos de vocês saberão, trabalha com a Lei de Ação e Reação, que são opostos e iguais. O efeito desta energia é o de transformar o prevalente ódio, violência e crise, alarme e tensão, em seu oposto. Então nós entraremos em uma era de paz e tranqüilidade, de equilíbrio mental e emocional, em exata proporção à existente violência e ódio, tumulto e discórdia.

Através do trabalho da grande Lei de Ação e Reação, este poderoso Avatar Que ofusca Maitreya de uma forma muito similar àquela que Ele ofuscou Jesus na Palestina, diariamente cria as condições do futuro. Essas energias ainda precisam descer ao plano físico em grande potência, mas elas estão transformando o mundo mesmo agora. É por isso que os Mestres e Maitreya têm tanta esperança. É uma esperança, baseada é lógico, em conhecimento.

O AVATAR

"...milhões agora estão prontos para receberem o Instrutor." *(O Mestre —, de "O Avatar",* **SI***, Outubro de 1989)*

Isto é interessante. "Sabendo ou não", o Mestre diz, milhões agora estão prontos para receber o Instrutor. Trinta milhões de pessoas ouviram esta história, 20 milhões têm uma expectativa de mente aberta de que ela poderia ser verdade,e 2 milhões de pessoas estão convencidas que isso seja assim.

"Tudo agora conspira para levar adiante este evento abençoado. Cósmicas e planetárias, as Forças da Regeneração colhem agora a colheita de Suas semeadas, e trazem em existência a condição que permite à Maitreya aparecer. Forçado por força da lei em reter, por um tempo, Sua missão aberta, Ele sabe que e lei está sendo cumprida, as dívidas estão sendo pagas, as oportunidades tomadas; e que agora, em total esplendor, Ele pode aparecer e receber o amor e serviço que, muitos admitirão, eles estão prontos a darem à Ele.

"Sua graça já abraça o mundo. Seu amor envolve as nações, no Oriente e Ocidente, Norte e Sul. Ninguém escapa da flecha de Seu Amor.

"Diariamente, Seu Raio desperta os homens para seus verdadeiros destinos, e conjura novamente suas esperanças e confiança.

"Amplamente, em vasto número, os representantes das pessoas unem-se ao Seu lado, e Ele os dota com uma sabedoria totalmente nova. Logo, este grupo iluminado de homens e mulheres apresentarão suas histórias e experiências, e provarão além de todas as contradições, que o Cristo está em nosso meio. Milhões então escutarão à essa promessa, e exigirão ver o Representante de Deus. Sobre muitos nomes Ele então vêm adiante e assim cumpre as esperanças de cada fé." *("O Avatar")*

Eu O chamo de Cristo, porque Ele encarna o Princípio Crístico, mas é lógico, Mulçumanos esperam Ele como o Imam Mahdi, Judeus como o Messias, Hindus como Krishna, Budistas como o Buda Maitreya (eles acertaram o Seu nome). Todos estes são nomes para um único e mesmo indivíduo, que será um problema adicional para a humanidade, um problema e uma surpresa, e uma fonte de alegria no fim, porque quando ela O ver, ela saberá que é o Imam Mahdi, o Cristo ou Buda Maitreya ou Miroko Bosatsu, ou seja lá que nome do Ser que ela aguarda. Será uma experiência tremenda para a humanidade.

Estes representantes das pessoas, pessoas que Maitreya já treinou em encontros e dota-os com "uma sabedoria totalmente nova", este grupo de homens e mulheres iluminados, apresentarão suas histórias, falarão sobre Ele, que eles O encontraram, que eles O conhecem e que eles podem atestar Sua origem de qualquer ponto de vista que eles expressem. Isso terá um efeito tremendo nas massas de pessoas.

"Seu chamado por Justiça, Paz e Fraternidade será, então, ouvido entre as nações, reconhecendo a preocupação de Deus pelo bem estar dos homens em todos os lugares. Sua voz lembrará as pessoas de suas origens e destino, e as levará, em confiança, aos pés de Deus.

"Que Sua tarefa está bem preparada, vocês podem ter certeza. Seus discípulos, treinados internamente, há muito tempo se engajaram neste trabalho de preparação, e eles conhecem bem seus vários papéis. Chamados em ação, eles levarão adiante o trabalho de reconstrução para cada canto do mundo e substituirão miséria com alegria, separação com unidade, ódio e malícia com amor altruísta. Assim será. Assim o Novo Tempo entra em seu curso de esplendor, e assim a humanidade percebe a promessa que Sua presença traz.

"Que nem todos irão testemunhar a Sua glória é certo; para alguns, o Manto de Deus tem uma luz muito brilhante. Mas a maioria verá Nele a realização de suas esperanças e sonhos por justiça e amor, por sanidade e liberdade. E para Ele, eles voltarão seus olhos e corações, procurando orientação e conforto, inspiração e propósito, iluminação e amor. Estes, em abundância, Ele concede ao mundo. Um vasto Rio de Verdade Ele é, nutrindo todos que destas águas bebem. Uma Fonte de Amor é Ele, incluindo tudo dentro de Seu coração. Um Avatar como nenhum outro Ele é, vindo para liderar os homens para a percepção de que eles, também, são Deuses." *("O Avatar")*

*As citações do Mestre —, através de Benjamin Creme, primeiramente publicadas na revista *Share International (SI)*, estão também publicadas no livro *A Master Speaks* (terceira edição expandida, 2004).

** Para uma lista das aparições de Maitreya, ver o Apêndice em *The Great Approach*.

*** *Share International*, Abril de 2003.

PERGUNTAS E RESPOSTAS

A IMINÊNCIA DA EMERGÊNCIA DE MAITREYA

P. Por que o Mestre sugere o Reaparecimento do Cristo como o assunto para sua palestra agora (depois de todos esses anos tornando esta informação conhecida)? Isso está relacionado com a iminência da emergência pública de Maitreya neste momento?
R. Sim, é lógico. O Mestre esteve escrevendo esses artigos [na revista *Share International* pelos últimos 23 anos] sobre a emergência de Maitreya, e a resposta para ela e todas as complexidades do trabalho que estão na criação deste acontecimento extraordinário. Os artigos foram agrupados algumas vezes, em dois ou três lidando, com idéias similares ou temas, e então novamente falando sobre outros assuntos. É a forma na qual o Mestre trabalha, e é muito semelhante a forma na qual Maitreya trabalhou nas 140 mensagens que Ele deu através de mim, e que podem ser encontradas no livro *Messages from Maitreya the Christ*.

Maitreya lidaria com um assunto: a emergência, pobreza, a idéia de partilha, e por aí vai. Ele então falaria sobre ele duas ou três vezes de formas diferentes, trazendo todas as facetas juntas, afim de criar um quadro completo. Então Ele tomaria outro tema por um número de semanas. Mais tarde, Ele voltaria, talvez, ao primeiro tema, e lidaria com ele em ainda maior profundidade e adicionaria facetas que nunca teriam ocorrido a nós, mas que expandem o seu significado.

Quando os Mestres, mesmo tão espontâneos como Eles são, e Eles são certamente espontâneos, estão apresentando um corpo de ensinamentos ou informação, Eles tendem a vê-lo como um todo, tomam cada idéia separadamente e olham à ela em profundidade – cada aspecto dela – e então deixam-na de lado, pegam outra idéia, e fazem a mesma coisa. Eles cobrem uma área enorme.

P. Os artigos do Mestre parecem alternativamente destacar o terrível estado do planeta, e então o progresso sendo feito sobre o estímulo dos Mestres. Qual é a tendência mais forte no mundo agora?
R. A tendência mais forte no mundo agora é o progresso sendo feito sobre o estímulo dos Mestres. É verdade, o Mestre faz isso. Ele escreve um artigo que é todo sobre o terrível estado do planeta, os problemas, mas Ele sempre termina com uma declaração positiva. Ele sempre traz esperança no final dele. "Apesar das exigências do tempo, apesar do terror, da fome, todas estas desigualdades que abundam no mundo, mesmo assim, o mundo está mais pronto para o Cristo do que ele jamais esteve."

Não estavam prontos para o Cristo 2.000 anos atrás, então Ele só pode ficar três anos. Desta vez, Ele vai ficar 2.500 anos e estimular a transformação do mundo. Será um tempo muito interessante de fato.

Se você pegar todos os artigos, marcá-los e contá-los, você descobriria que a ênfase mais forte está sobre o progresso sendo feito, as grandes mudanças que já estão a caminho. As mudanças que aconteceram, normalmente, levariam 100 anos, mesmo assim, elas aconteceram em 10 anos, algumas vezes quase que da noite para o dia.

Um exemplo é o fim do apartheid na África do Sul. Vocês conseguem imaginar por quanto tempo o apartheid durou nos EUA, o quão bem estabelecido ele era? Mesmo agora, nem todo negro na América se sente seguro ou aceito, principalmente no sul, mas comparado com mesmo 40 ou 50 anos atrás – a metade dos anos 1950s por exemplo, um tempo terrível, a era McCarthy – você tem uma extraordinária transformação. Da mesma forma na África do Sul, é uma situação totalmente diferente.

O MOMENTO DA EMERGÊNCIA DE MAITREYA

P. Este não é um tempo difícil para Maitreya vir adiante?
R. É óbvio que a escolha deste tema, "o Reaparecimento do Cristo", depois de todos esses anos, deve significar que o

tempo agora se tornou consumado quando Maitreya virá e começará Sua tarefa. Nós podemos pensar que este é um momento terrível para Maitreya, e de algumas formas ele é. Encontrar-se com pessoas que são receptivas e que podem ouvir e colocar em prática o que Ele está falando é uma coisa, mas ir no rádio e na televisão com entrevistadores céticos, é algo diferente. Não que Ele esteja com medo do ceticismo. De forma alguma. Dificilmente poderia ser este o caso.

No começo, pode ser bem difícil mesmo para alguém como Maitreya, Que não apenas sabe a resposta para todas as perguntas que seriam feitas, mas Que sabe que perguntas colocar na mente de quem a está fazendo. Então o entrevistador pode se encontrar fazendo perguntas que ele não tinha intenção de perguntar. Ele terá algumas perguntas escritas, mas algumas outras perguntas podem sair. Então, talvez, não seja assim tão difícil.

Mesmo assim, é um mundo gigantesco, com países muito diferentes, diferentes sistemas e formas de pensamento, mesmo sobre as mesmas coisas, diferentes valores colocados sobre essas coisas.

Ele não será chamado de Maitreya inicialmente. Então, se o entrevistador é uma pessoa sábia, ele pode pensar que esta é uma pessoa extraordinária, principalmente quando ele se acha fazendo perguntas que ele não tinha a intenção de perguntar. Então Maitreya sabe as respostas para Suas próprias perguntas.

As pessoas freqüentemente me perguntaram, como será? Ele precisa falar com o mundo sobre todas essas coisas e como Ele as fará? Como o Mestre diz, e eu acho bem revelador, aqueles grupos como o de vocês que estiveram fazendo este trabalho, de alguma forma, pelos anos, podem ficar desapontados; vocês ficarão de certa formas surpresos, de qualquer forma, pela quietude de Sua aproximação, a falta de ênfase ou a perda de uma oportunidade – vocês poderiam pensar – em trazer todo o seu "arsenal".

Maitreya estará preocupado em tornar Suas aparições tão freqüentes quanto possível. No começo, é lógico, é mais difícil, mas Ele tem Seus modos e meios. Suas aparições se tornarão cada vez mais freqüentes, até que Ele tenha uma transmissão regular na televisão e rádio ao redor do mundo.

P. Maitreya está aguardando o melhor momento para ir à publico mesmo que Ele possa sair agora? O que O está segurando?
R. Maitreya está aguardando o melhor momento para vir à público. Ele está aguardado a melhor oportunidade, isso quer dizer, momento, no qual haverá a melhor e mais rápida aceitação do que Ele tem a dizer.

Há ainda um enorme corpo de pessoas no mundo que não querem nada relacionado com Maitreya e Suas idéias. Todos os grupos religiosos têm seus próprios fundamentalistas, que juntos, formam um enorme bloco. Pense nos fundamentalistas Cristãos, os fundamentalistas Mulçumanos, os fundamentalistas Judeus, Hindus agora, e mesmo Budistas em alguma extensão. É um enorme número de pessoas, e elas precisam compreender esta realidade. Elas não O verão como o Cristo ou o Imam Madhi, não inicialmente.

O melhor momento será quando o sistema econômico, se desintegrando, estiver levando o Ocidente aos joelhos economicamente, e levá-lo à realidade pela primeira vez. Nós estivemos vivendo em uma ilusão por tanto tempo. Nós pensamos, e nossos líderes pensam, que nós podemos continuar nos velhos caminhos, exatamente como nós estivemos fazendo – mais competição, mais ganância, mais do mesmo, e se isso apenas continuar, nós iremos vencer. Não é mais assim; isso não funcionará.

Se dois-terços da população do mundo está vivendo em pobreza, então o sistema econômico não funciona. Se nós pensamos que elas continuarão sem pedir que ele funcione para elas, então nós estamos extremamente fora de compasso com a realidade. Maitreya tornará isso claro.

Um colapso imediato das estruturas econômicas, uma quebra na bolsa de valores na Europa e na América, traria Maitreya à frente imediatamente. Isso nos levaria para a realidade. Este é um dos fatores que Ele está esperando por, este sentido de realidade que traria isso adiante. Nós veríamos que isso não funciona. Nós pensamos que ele estava funcionando, ele parecia funcionar para alguns de nós, mas através de nossa complacência, nós nem pensávamos naqueles para os quais ele não funcionava. Uma das principais tarefas de Maitreya é a de jogar água fria nesta complacência, tornar muito desconfortável ser complacente.

Eu consigo me lembrar das pessoas vindo à um encontro meu e dizendo: "Eu pensava que esta seria uma mensagem de esperança, mas eu me sinto horrível. Eu me sinto tão infeliz. Eu me sinto culpado e horrível." Eu disse: " Muito bem. É isso que nós chamamos amor."

Você precisa superar esta complacência. Se as pessoas apenas quiserem se sentir ,"Ah, que maravilha", isso não mudará o mundo. É importante que elas saibam que o Cristo está no mundo e não sozinho, e que o mundo está pronto para mudança e irá mudar. Mas se elas apenas quiserem se sentir bem, isso não vai ajudar o mundo, porque elas não são as pessoas que estão realmente fazendo o trabalho no mundo.

P. Maitreya ainda está aguardando o colapso nas bolsas de valores?
R. Sim, Ele ainda está esperando pela quebra das bolsas de valores, mas se eventos políticos estiverem suficientemente críticos, Ele viria, tivesse uma quebra na bolsa de valores ou não – se Ele visse que Sua presença e o que Ele tem a dizer teria um efeito poderoso na situação política.

P. Existem quaisquer circunstâncias que O trariam à frente antes disso?
R. Existem várias crises que poderiam trazê-Lo à frente, mas Ele conhece a Lei, e você pode ter certeza que Ele obedece a Lei à letra. Mesmo assim, ao mesmo tempo, Ele sabe como manipular esta Lei. Ele sabe o quanto dela pode ser manipulada e ainda estar dentro da Lei.

Ele falará sobre a Lei Kármica, sobre o que Ele sabe e entende mais ainda do que Seus pares, mesmo entre os Mestres, Que nós supomos, sabem sobre as vicissitudes da Lei Kármica.

Se há uma ocorrência na qual a paz do mundo está ameaçada, Maitreya agiria e viria à frente sem a quebra na bolsa de valores. Teria que ser uma situação muito perigosa, e mesmo assim, Sua ação teria que não quebrar a Lei Kármica. Ele precisa fazer estes julgamentos sutis, que são de nível cósmico. Ele está lidando com energias cósmicas.

Não é uma opção simples, fácil. Tudo que Ele faz precisa levar em consideração milhares de possibilidades cósmicas, aquelas que são condutoras de ação e possibilidades que seriam danosas se Ele as levasse adiante. É um julgamento muito sofisticado e sutil que Ele precisa fazer a todo momento. Seu trabalho não é simples de forma alguma. É por isso que eu estou tentando explicar a complexidade da situação.

Se houvesse um perigo real ao mundo, a possibilidade de conflagração em uma escala mundial, que incluiria o uso de armas nucleares, Ele agiria. Ele invocaria, como eu entendo, as energias que derrotariam o processo. Ou pode ser algo totalmente diferente. Não que os Mestres usariam a força. Poderia haver algo que os Senhores do Karma seriam induzidos a fazer. Esta também é uma possibilidade. Mas não a tenha muito fortemente em mente.

Existem possibilidade e impossibilidades, mas no que diz respeitos aos Mestres, você não pode dizer que elas são impossíveis. Você sempre pode pensar que as coisas são possíveis. Eles são tremendamente poderosos, e eu não acho que alguém tenha alguma idéia do quão poderoso um Avatar como Maitreya é. Ele está manuseando energias que nunca foram manuseadas antes em união neste planeta.

Ele é um Ser tremendamente poderoso, e precisa trabalhar dentro da Lei ao usar este poder. Esta é a única coisa que o restringe.

P. Uma terceira guerra mundial é iminente--e quanto ao conflito no Oriente Médio?
R. Não, ela não é. Se nós estivéssemos em uma situação que fosse tão "quente" – ela está bem "quente" no presente [Agosto de 2006] – que uma Terceira Guerra Mundial fosse inevitável, Maitreya interviria.

É melhor que Ele não tenha que intervir, porque isso infringiria o livre arbítrio humano. Mas se fosse necessário, Ele interviria. Neste caso, Ele estaria restrito quanto àquilo que Ele poderia dar à humanidade por algum tempo, até que nosso karma permitisse a Ele dar o que Ele pode dar. Se ele utilizasse este dom kármico, como ele é, para impedir uma terceira guerra mundial, isto impediria Ele de fazer outras coisas que,de outra forma, Ele poderia fazer.

Os Mestres, com uma visão mais ampla, sabem que eventualmente as coisas irão se clarificar e a paz será estabelecida. Eles sabem, como Maitreya diz, que o fim é conhecido desde o começo. Não tenham medo. Isso não quer dizer, sente-se e não faça nada. Essa é a questão.

Você precisa ser inspirado à agir. Ele diz: "Nada acontece por si só. O homem deve agir para implementar sua vontade." Pessoas, cheias de idealismo, acham que se você visualizar algo, isso já existe; que se você sabe que Deus é perfeito, então o mundo é perfeito. Você não pode fechar seus olhos à todos os males do mundo. Isto é tolice. Não é algo adulto. Seja um adulto e encare os problemas do mundo e faça algo quanto a eles. Você precisa agir afim de implementar a sua vontade. Se você quer paz, justiça, partilha e corretas relações, você precisa criá-las. Torne conhecido o que você quer. Eleja as pessoas corretas. Aja. Torne-se ativo. De outra forma, você vive nas nuvens.

Este é um tempo como nenhum outro na história. Ele não se repetirá. A Hierarquia de Mestres está retornando ao mundo pela primeira vez em 98.000 anos. Você tem a oportunidade de trabalhar para Ela, em tornar conhecido o trabalho de Maitreya, em iluminar o caminho, em tornar conhecido ao mundo que Ele está aqui. Não espere até que Maitreya apareça abertamente. Conte à todos que ouvirão que Ele está aqui, quais são Seus planos, quais São suas prioridades – corretas relações, partilha, justiça, paz – estas são as prioridades. Cuidar do planeta é a prioridade número um. Você precisa tornar estas prioridades as suas, não apenas ouvir alguém como eu.

Todos nós temos que nos tornar envolvidos e contar ao mundo o que está acontecendo no mundo, que este é o tempo mais espetacular, que nunca existiu um tempo na história do mundo como este tempo. Estar vivo neste tempo é uma benção extraordinária.

Com toda a dor e sofrimento no mundo, a oportunidade para a humanidade é imensa.

P. Quando você diz que Maitreya aparecerá logo, você quer dizer em uma entrevista na televisão?
R. Quando eu digo aparecer, inicialmente será uma entrevista na televisão Americana, sim. Isso é uma indicação, você pode confiar em mim, que a emergência de Maitreya é, como o Mestre tão freqüentemente colocou, eminente, mais próxima do que você gostaria provavelmente. Você acha que este trabalho ficará mais fácil conforme o tempo passar, conforme Maitreya aparecer? Este é o tempo fácil. Será o oposto. Você estará em tanta ação, pego em argumentos, e sentirá todo o conflito.

P. A mensagem de Maitreya está indo para a África?
R. Maitreya vive em Londres em vários templos Hindus. Ele vai para mesquitas e igrejas, mas Ele vive em templos. Ele vive por alguns anos em um templo, e alguns poucos anos em outro. Enquanto Ele está nestes templos, Ele ensina os swamis nos templos sobre Suas idéias para a transformação do mundo, então Ele os envia ao redor do mundo. Eles se espalham ao redor do mundo, dando às pessoas parte de suas experiências, os ensinamentos de Maitreya. Os ensinamentos de Maitreya estão sendo divulgados através destes vários swamis, homens muito educados, bem inteligentes, tendo crescido na tradição Hindu. Isto ocorre o tempo todo. Muitos

deles vão para Ásia e partes da África onde existem comunidades Hindus que precisarão de swamis nos templos.

CRISE ESPIRITUAL

P. Você falou sobre a necessidade de moldar a mensagem de forma que as pessoas possam ouvi-la, no contexto de suas experiências. Como nós poderíamos abordar mais especificadamente isso de uma forma que entre na almas das pessoas, ao invés das costumeiras abordagens baseadas no medo que são comuns nas arenas de ativismo de base?
R. É impossível falar sobre o Reaparecimento do Cristo e dos Mestres sem chegar à alma da pessoa, invocar a experiência e intuição da alma de pessoa com quem você está falando. É tentativa e erro: você fala com algumas pessoas e tem sucesso com outras. Se você mesmo tentar trabalhar como uma alma, se você tentar ver as coisas do ponto de vista da alma, não é como ver as coisas de uma forma mística. A alma não é mística. Ela é um grande mistério para a maioria das pessoas, mas ela não é uma idéia mística.

Quando as pessoas pensam em se abordar as coisas como uma alma, elas estão inclinadas a pensarem que esta é uma abordagem muito alta, que soa como mística. Não é. Você pode ser, e deve ser, tão prático como eu estou sendo em mostrar esta mensagem. Algumas pessoas vêm para minha palestra e dizem: "Eu pensei que ela seria sobre o Reaparecimento do Cristo. Ela é toda sobre política e economia." São ambos. Política e economia e idéias espirituais.

A atual crise global é uma crise espiritual. É uma crise do Ser. A humanidade não sabe quem ela é, o que ela é, de onde ela vêm, para onde ela vai. É uma crise espiritual para o mundo inteiro. Esta crise espiritual está focada hoje através dos campos político e econômico.

É por isso que nós no Ocidente temos uma total falta de preocupação. Nós sabemos, e mesmo assim vivemos, com o fato de que milhões estão morrendo no Oriente, na

África, por falta de comida que está apodrecendo nos armazéns do mundo Ocidental. Esta é uma realidade espiritual. O fato de que nós podemos viver com isso é um erro espiritual. Não é apenas um erro de senso comum, um erro de distribuição ou de monopolização; ou se nós os deixamos de fora da equação e de alguma forma a comida não chegou lá. Não é este tipo de erro. É o efeito de uma falta espiritual em nós mesmos. Nós não somos o que nós achamos que somos. Nós achamos que somos espertos, inteligentes, capazes de termos nossas vidas em nossas mãos e a dos nossos países de formas que ela seja benéfica para todos. Isto não é verdade. Você pode ser esperto e inteligente. Você pode ter boa idéias. Você pode ter a melhor das intenções. Mas a não ser que você seja espiritual no sentido real, no sentido prático, você não lidará com essas qualidades, a esperteza, a inteligência, o pensamento para com os outros. Você será complacente. Você achará: "Eu estou bem, nós nos saímos muito bem. O que está errado em nosso país? Ele é ótimo. Nós precisamos fazer esta guerra agora, e novamente, apenas para ensinarmos uma lição à algum arrogante, mas além disso, nós estamos bem" – esquecendo que você é apenas uma parte do mundo.

Ser espiritual realmente significa ver o mundo como um todo, pensar em termos globais. Isso é necessário, acima de tudo, no tempo presente. Todos os governos deveriam estar sobre pressão do público educado, afim de terem esta visão mais ampla, em verem a necessidade em se ter corretas relações humanas, no sentido político e econômico, não apenas em um sentido aconchegante, amigável, de relacionamento humano um a um.

Não é um ou outro, é lógico. Você precisa do aconchegante, amigável sentido de relacionamento humano um a um, é lógico. Mas também, a Grã-Bretanha, França, América, Japão, todas as nações desenvolvidas, deveriam ter o mesmo sentimento quanto aos Africanos e Indianos, as pessoas que estão sofrendo, vivendo com um dólar por dia – um quinto da população mundial. Isto é inacreditável. Existem 1.3 bilhões de pessoas no mundo vivendo com um dólar por dia. Destes, milhões morrem diariamente, por hora, momento a momento, de fome.

O fato de nós permitirmos isso, é uma crise espiritual. Nós tendemos a ver isso apenas em termos econômicos e políticos. Mas a economia e a política são na verdade a crise espiritual. Nós precisamos ver isso desde o núcleo. O núcleo são erradas relações humanas. Nós tendemos a não saber colocar nossa ênfase no fato de que a humanidade é uma.

Há apenas uma única humanidade, um grupo chamado humanidade, o reino humano. Ele não é o único reino, nem mesmo o mais importante. Nós apenas pensamos em uma parte dele, o mundo desenvolvido, como a parte importante do importante reino humano.

Do ponto de vista dos Mestres, o reino humano é apenas um reino entre outros, altamente importante, mas ele é uma parte da evolução do planeta Terra. E o planeta Terra é uma parte da evolução do sistema solar, e por aí vai, cada vez mais alto. Não há término para isso. Não há nenhum ponto onde você poderia chegar e dizer: "Vamos parar lá. Esta é a América. Vamos apenas cuidar da América." É isso que a América tende a fazer, cuidar da América. É o que a Grã-Bretanha tende a fazer, cuidar dos interesses Britânicos. É parte do interesse dos Britânicos, Americanos, Franceses, Italianos, Japoneses, ou Russos fazerem isso?

Nós sempre colocamos ênfase nestes interesse especificadamente locais, não globais. Não há algo que se possa chamar, especificadamente, de interesses Americanos, Russos ou Britânicos. Existem interesses mundiais, interesses humanos, e a não ser que estes sejam resolvidos, não existirão humanos no mundo. É isso que nós temos que entender, e é isso que você pode manifestar.

Isso é a alma falando. É assim que a alma vê o mundo. Quando as pessoas vêem isso, elas dizem: "Sabe, você está certo", porque a alma delas está dizendo que é certo. Elas vêem isso como uma alma. Mas se você não vê isso como uma alma, você não vê como uma crise espiritual, apenas como uma crise econômica ou política. Elas são crises econômicas e políticas, mas esses são os campos nos quais a crise espiritual está focada.

P. Você poderia falar mais sobre o mecanismo da complacência?
R. O mecanismo da complacência é um hábito. Vocês na América nasceram e são educados em um país que é tão materialista em sua visão, que a complacência é o resultado inevitável. Vocês são tão educados na escola e pela mídia, que a América se torna o limite de suas visões, suas imaginações, seus sentidos de mundo. É porque a América é tão grande. Vocês têm um poderoso serviço de mídia que, dia após dia, coloca o que está acontecendo na América em primeiro lugar em suas consciências. Na escola na América, você é educado a saudar a bandeira todo o dia. Isso não acontece em todos os lugares. Você não teria a bandeira nacional saudada por muita crianças em escolas. Elas pensariam que você é um maluco. Mesmo assim, vocês o fazem. Também, a América é tão rica comparada com vários países, que vocês facilmente sentem em suas atmosferas materialistas, que vocês estão bem e que não precisam pensar quanto ao exterior. Como um país jovem, vocês também acreditam que as pessoas precisam se virar sozinhas, e conseguirem da vida o que elas puderem. Há muita verdade nisso, mas levado à um excesso, isso leva à complacência que ameaça a paz mundial.

A América uniu um pedaço da Europa, apenas transportada através dos mares – Britânicos, Franceses, Holandeses, Alemães, Escandinavos, Espanhóis – e outros de outras partes do mundo, Africanos trazidos como escravos. Vocês têm uma mistura que é única, mas ela é parte do Plano. Vocês são parte do Plano. Vocês estão todos aqui com um propósito além do Reaparecimento do Cristo.

Vocês estão aqui, porque existem três grandes experimentos sendo levados adiante no mundo – um aqui na América, um na Rússia, e um na Grã-Bretanha. Aqui o experimento é o de unir estas pessoas, não todas de várias partes do mundo, mas principalmente da Europa. Com algumas poucas exceções, elas são levadas neste caldeirão fervendo e são permitidas ferverem junto e se tornarem seja lá o que elas se tornarem. Você pode ter começado como meio-Sueco e meio-Escocês, e você termina, depois de algumas gerações, sendo parcialmente Sueco, parcialmente Escocês, parcialmente Iraniano ou Húngaro ou o que seja. É uma mistura, um grande caldeirão fervendo. Vocês são o queijo que saem desta panela.

Vocês são outra coisa. Vocês são Americanos, algo bem diferente do que aquilo que vocês começaram. Eventualmente, desta mistura, nascerá uma figura bem distinta que será Americana, diferente de qualquer outra pessoa.

A Rússia tem outro plano. O plano lá é para um agrupamento de nações unirem-se. A Rússia é ainda maior do que os Estados Unidos, um-sexto da superfície do mundo. Existe a Rússia como nós a conhecemos, até Moscou, e então até onde você conseguir ver de um avião, até onde no leste você conseguir passar de país após país, e ao sul até a Ucrânia e todos os países diferentes. Todos estes eram parte da União Soviética, antes dela se quebrar. Cada um é, agora, um país independente, parte de uma federação de nações. Esta federação será de todas estas pessoas diferentes, vivendo juntas em harmonia, eventualmente, não procurando unirem-se ou misturarem-se como vocês estão fazendo aqui.

Na Grã-Bretanha, o mesmo está acontecendo. A Comunidade Britânica, que costumava cobrir o mundo como colônias, agora cobre o mundo como estados independentes. Nós temos uma grande população de países da Comunidade: da África do Sul, de vários estados no leste e oeste da África, de todos os estados da Índias Ocidentais, e alguns poucos da América do Norte e do Sul, e da Índia, Paquistão, Bangladesh e Sri Lanka. Nós devolvemos Hong Kong ao Chineses, mas pessoas vêm de Hong Kong para a Grã-Bretanha como elas sempre o fizeram. Há um grande agrupamento de pessoas, todas ao redor do mundo, na Grã-Bretanha. Em algumas cidades, você acharia que você está na Índia. Cada loja, cada restaurante, é Indiano, e é muito mais colorido. É uma atmosfera completamente diferente da loja ao lado, que é Britânica da mesma forma.

Esta é uma mistura deliberada de pessoas do mundo, mas sem fusão, sendo elas mesmas. Indianos, Paquistaneses, Africanos, não isolados, mas vivendo juntos, grupos claramente separados, com suas próprias religiões, suas próprias tradições, criando lojas, cafés e restaurantes, e vivendo em harmonia. Não é totalmente harmonia no momento. O objetivo é que todos estes representantes de uma grande parte do mundo devam viver juntos, aprender a viver juntos, em harmonia. É onde Maitreya está, então talvez seja fácil disso acontecer.

Estes três experimentos estão todos relacionados com o agrupamento de pessoas. Um, é uma fusão como na América. Esta é uma das razões pelas quais vocês tem problemas na América. Quando você une pessoas diversas em um grande número, o que aconteceu na América, você está fadado a ter problemas. Mas eventualmente, a fusão continuará, a agitação dela continuará. Os Mestres Americanos estão começando a entrar em movimento.

É um experimento bem interessante. Se você sabe disso, isso certamente responde muitas perguntas que são feitas sobre a natureza e vida social em países diferentes, até mesmo a aparência das pessoas.

LIVRE ARBTRIO

P. Você falou sobre líderes em vários campos que tiveram contato com Maitreya e os Mestres, e que foram preparados por Ele. Por que o trabalho deles não está mais evidente na presente situação?
R. Eu me pergunto se isso é verdade. Quão evidente você esperaria que estivesse? Qual é a área de sua pesquisa? Eu não sei o que você espera. Existem pessoas, todas ao redor do mundo, que sabem, como nós sabemos, que Maitreya está no mundo e que sabem porque Ele está aqui. Elas podem não saber todo o plano de fundo esotérico de Sua vinda, mas elas sabem que um grande Instrutor está no mundo, e que

Ele poderia, do ponto de vista deles, ser o Cristo. Eles sabem que Ele tem idéias bem explícitas sobre a necessidade da humanidade por mudança, e em qual direção, e que eles podem ser de serviço em influenciar a direção desta mudança. Eles sabem disso, mas eles não escreverão isso nos jornais. Eles não estão necessariamente na França, Alemanha ou Holanda. Eles podem estar na América do Sul; na verdade, eles estão na América do Sul. Eles podem estar na Rússia; eles estão na China e na Rússia.

Nós, na Europa, tendemos a pensar que tudo de qualquer importância ocorre na Europa, assim como, se você for Americano, você acha que a América é onde tudo acontece. Bem, não é assim, é lógico. Algumas coisas – algumas das piores coisas, algumas das coisas boas – de fato ocorrem na América e Europa, mas muito do que é de valor para a humanidade está cada vez se tornando mais e mais evidente, cada vez em um nível mais alto, em alguns países da América do Sul, na China, e na Rússia. Há afirmação em todos estes campos por mudança, não no velho estilo de líder revolucionário Comunista, mas um novo tipo de esquerda, uma liderança democrática comprometida com o povo em manifestação, em vários países da América do Sul e em outros lugares. Esta é uma forma melhor de se prosseguir do que através dos antigos, agora morrendo, grupos oligárquicos Soviéticos, tanto no oriente e ocidente. Democracia é uma realidade, e é o modo preferido de vida social pelos Mestres.

Eles não funcionam exatamente como uma democracia. Hierarquia, como o nome sugere, é uma hierarquia. Eles bem abertamente aceitam, por exemplo, que Maitreya sabe mais do que os Mestres, porque Ele é mais evoluído, mais velho, e tem uma consciência de aspectos do cosmos que Seus discípulos imediatos não têm, mesmo que Eles sejam iniciados de sexto-grau. É uma hierarquia, e Eles tomam como fato que qualquer um mais evoluído terá uma área de conhecimento e sabedoria mais ampla e mais profunda, pela própria natureza da consciência. No entanto, Eles de fato trabalham democraticamente, de forma que cada

Mestre toma um certo corpo de trabalho, e de Sua própria consciência faz, este trabalho efetivo no mundo. Ele é responsável pela sua própria seção do trabalho ou ensinamento, e tem o direito democrático de colocar Suas visões nos encontros coletivos da Hierarquia onde todas as idéias são discutidas e apreciadas.

Nós achamos difícil aceitar uma visão hierárquica da vida, em aceitar diferenças nas pessoas. Países como Holanda, Suécia e Noruega, por exemplo, que são bem democráticos, acham realmente desagradável a idéia de que haja uma Hierarquia, que existem pessoas Que são Mestres. Elas sempre acham que os Mestres nos dizem o que fazer. Como eu sofri em falar pelos anos, os Mestres não estão aqui para nos falar o que fazer de forma alguma. Os Mestres apenas aconselharão e ensinarão no sentido de revelar os resultados das ações. Se nós fizermos esta ação, isso e isso inevitavelmente serão os resultados, e se nós fizermos aquela ação, então algo bem diferente, provavelmente preferível, será o resultado. Então Eles deixam a escolha para nós. Se nós formos inteligentes, nós aceitaremos Seus conselhos. Eles iluminam os resultados das várias ações que nós realizamos. Este é um bônus extraordinário para a tomada de decisão-- se você tem um Mestre, um Instrutor, um Guia Que lhe fala que, se você fizer isso, então outra coisa inteiramente diferente sairá como resultado, então você pode ver o caminho que você quer ir. É o que você quer; você tem livre arbítrio. Eu não consigo enfatizar mais este fato.

Nós realmente não entendemos o que é livre-arbítrio. Nós temos um entendimento dele de uma forma bem superficial, mas nós realmente não entendemos quão profunda a qualidade do livre-arbítrio é, e porque é tão impossível para os Mestres infringirem o nosso livre-arbítrio. Livre-arbítrio é o próprio elemento de nossa natureza que torna a evolução possível. Sem livre-arbítrio, nós não evoluiríamos. Os Mestres estão encarregados do Plano de evolução, então Eles estão envolvidos na evolução, e a evolução humana é parte dela. Se Eles infringissem o nosso livre-arbítrio, que é fundamental para ser capaz de evoluir de alguma forma, Eles parariam Suas próprias ações, e parariam a própria evolução da humanidade – então isso nunca vai acontecer. Nós precisamos nos tornar conscientes do quão importante este livre-arbítrio é, e não vê-lo como algo o qual nós utilizamos mesmo quando nós sabemos que estamos fazendo algo errado.

Alguém aparece, um instrutor, por exemplo, alguém que sabe as respostas, que esteve sobre a mesma situação e então sabe que se você fizer isso, então isso acontecerá, e lhe fala sobre isso. Se você tomar isso como uma violação de seu precioso livre-arbítrio, então você não irá se beneficiar desta qualidade.

Eu conheço pessoas que não aceitarão o fato da presença dos Mestres no mundo, mesmo quando Eles estiverem agindo abertamente. Elas não aceitarão a orientação Hierárquica, porque elas são democratas, e não aceitarão nenhum tipo de supervisão hierárquica se elas sentirem que é uma supervisão sobre seus direitos de serem elas mesmas, e seus direitos de serem democratas. É uma obsessão com a democracia. Elas levaram a democracia, corretamente, à um nível muito alto de importância em nossa vida social. Elas a tornaram uma ideologia que coloca uma barreira ao redor delas mesmas, de forma que elas não conseguem crescer. Elas não conseguem aceitar nada mais elevado do que suas democracias.

Elas são apenas homens e mulheres, e elas são limitadas, como todos os homens e mulheres, por seus pontos de evolução. Eu não sei qual é o ponto médio de evolução dos governantes inteligentes, políticos do mundo. Eu diria que é algo como 1.4 ou 1.35. Isto não é o bastante. Eles estão funcionando astralmente; eles não são polarizados mentalmente. Eles não conseguem tomar decisões objetivamente, e então criam uma bagunça no mundo.

As pessoas que Maitreya e os Mestres estiveram treinando, vocês descobrirão, serão 1.5 ou mais alto, provavelmente mesmo alguns poucos iniciados de segundo grau, trabalhando de um nível mais alto. Elas podem ver mais objetivamente. Elas ainda podem ser fanáticas, e ainda podem estar presas em suas próprias ideologias particulares, mas terão um sentido maior do todo. Elas terão maior tolerância nas coisas e assuntos, mesmo que elas sejam fanáticas Cristãs, fanáticas Mulçumanas, ou o que seja.

NAÇÕES — OS POVOS E SEUS LIDERES

P. Eu acho interessante que um país como a Alemanha pôde, em menos de meio século, ir de ter um líder mal, Hitler, à eleger um líder como Willy Brandt, o homem que liderou o painel que criou um verdadeiro consenso para o desenvolvimento de um pacote de modelo econômico para o futuro. Este é um exemplo do quão longe a humanidade por ir de um extremo à outro em uma direção positiva?
R. Isto é certamente um exemplo. Mas eu não sei se você poderia fazê-lo o exemplo que é sugerido aqui. É extraordinário que tenha existido Hitler, e não muito tempo depois na Alemanha, Willy Brandt tenha sido eleito. Brandt foi eleito. Hitler não foi necessariamente eleito-- foi manipulado. Ele não foi eleito pelo povo. Também, Willy Brandt era um iniciado de terceiro grau, e foi solicitado da parte de Maitreya à criar o Relatório Brandt. Willy Brandt foi eleito líder em um processo democrático; ele era um Democrata. Ele se aposentou quando não precisava se aposentar, por causa de uma ação totalmente aberta da parte de um subordinado. Ele tomou a culpa. Foi uma grande perda para Europa, uma verdadeira perda para mundo.

Ele foi contatado por Maitreya muito pouco depois Dele vir ao mundo. Maitreya veio para Londres em Julho de 1977, e em Novembro de 1977, Ele contatou Willy Brandt. Ele sugeriu que Brandt unisse um painel de economistas de todo o espectro de pontos de vista, da extrema esquerda à extrema direita, de homens e mulheres eminentes em muitos países, até onde ele poderia encontrar. Ele trouxe este painel à existência, e por consenso, eles chegaram ao que foi publicado como o Relatório da Comissão Brandt. Ele recomendou nada mais do que a partilha dos recursos e a reconstrução de nosso sistema econômico – uma realização tremenda. É uma grande perda para o mundo que Willy Brandt não tenha ficado no poder na Alemanha.

O que é interessante, é que Hitler dominou a Alemanha de 1933 até o fim da guerra, 1945. Ele dominou por causa do poder de dois alternados membros da Loja Negra (aquilo que nós conhecemos como a fonte do mal) que literalmente tomaram seu corpo e o obssediaram durante aquele período. Aquele mal não foi o mal da Alemanha, embora obviamente em outro país, ele poderia não ter acontecido. Não aconteceu na França, ou Grã-Bretanha, ou Holanda. Isso ocorreu inicialmente na Itália com Mussolini. É por isso que os poderes do Eixo se uniram. Hitler, Mussolini e um grupo de militaristas no Japão, criaram uma força com três pontos, um triângulo. A energia fluiu através deste triângulo, que foi potencializada pelas forças das trevas. Os Mestres na Loja Negra sabem desta ciência tão bem como os Mestres na Loja Branca, nossa Hierarquia Espiritual. Eles apenas a utilizam para propósitos diferentes.

A Alemanha, como uma nação, é muito jovem e, sendo jovem, seu povo é altamente astral em sua resposta para a vida, assim como são os EUA e muitos outros países. Se a Alemanha fosse uma nação mais velha, Hitler provavelmente nunca teria conseguido subir ao poder. Eu não estou dizendo que não teria acontecido, mas poderia muito bem não ter acontecido. A imaturidade de uma nação dá a oportunidade para tais homens emergirem e tomarem o controle. Onde você tem sistemas estabelecidos por mais tempo, com seus exames e balanços, você tende a não ter a mesma situação.

Eu não acho que exista uma relação entre Hitler e Willy Brandt como sugerido nesta pergunta, porque isso realmente está relacionado com a prontidão do país e a emergência da figura. Se um país está pronto para fazer algo, as figuras emergem para fazê-lo. Um fato oculto é que, em cada período da história, almas vieram à encarnação com a habilidade para lidar com os problemas do tempo. Pessoas apareceram, treinadas e prontas, para responderem aos

problemas, e para levarem a humanidade firmemente para frente.
Do ponto de vista dos Mestre, o desenvolvimento da humanidade é bem estável. Nós o vemos como indo para cima e para baixo. Para os Mestres, as guerras de 1914 e 1945 foram uma única guerra, que permitiu aos Mestres aparecerem. Maitreya anunciou Sua vinda em 1945 por causa da derrota das forças do mal, os Senhores da Materialidade, como os Mestres os chamam. A derrota dos Senhores da Materialidade tornou possível para a Hierarquia continuar com Seu trabalho no plano físico à frente do esperado.

P. Como Maitreya apareceu para Willy Brandt? Ele estava consciente de Quem Ele era?
R. Sim, ele sabia Quem Ele era, e ele fez o seu trabalho. Ele era um iniciado de terceiro grau, e sabia o que estava acontecendo.

P. Sempre há uma combinação de líderes e povos deste país, que determinam se eles agirão ou não agirão em relação a um problema? Já houve um tempo onde existiam líderes potenciais, mas eles não tinham a característica ou qualidade dos povos necessários para levarem a diante suas idéias, ou vice-versa – povos, mas não líderes?
R. Não é bem assim, mas você freqüentemente tem líderes, e não o apoio necessário para um governo democrático. Você tem líderes, mas o país é jovem, não politicamente maduro e consciente o suficiente. Então os líderes se tornam ditadores como Napoleão, que transformaram a Europa e criaram estados que não existiam antes.

O "MITO" AMERICANO DA LIBERDADE

P. Você disse que o mundo está aguardando pela alma dos EUA se manifestar. Esta manifestação virá exclusivamente através dos iniciados da América ou das massas no futuro próximo?

R. Ela vem através dos iniciados. A alma de um país sempre se demonstra através dos iniciados daquele país. Das massas, vem a expressão da personalidade. A expressão de personalidade da América é o 6º raio do Idealismo Abstrato ou Devoção. Americanos são realmente devotados aos seus próprios ideais. O ideal da liberdade é provavelmente o maior ideal, pelo menos aquele que nós ouvimos mais. Você não ouve muito sobre justiça, porque o ideal da justiça não colore a consciência das massas da América.

A América elevou conceito de liberdade à um grau que, a mim, a leva além da liberdade. É liberdade para fazer o que você quiser, sobre quaisquer condições, sem restrições. Se você se esbarrar com um Americano comum, você vê este poderoso 6º raio, pronto a superar todas as limitações, para conseguir as coisas de seu jeito. Para a pessoa, isso não é algo errado, mas o seu próprio modo ideal, e isto é liberdade.

O presidente dos EUA disse que a liberdade Americana estava sendo ameaçada por um pequeno estado chamado Iraque. Ele não tinha armas de destruição em massa. Como o Iraque podia ameaçar a América? Tudo isso é um absurdo. Eu não consigo entender como tantos Americanos caíram nas reivindicações de seu governo, de que, de uma forma ou outra, já que o Iraque não tinhas armas de destruição em massa, ele era uma ameaça para a América. Ele nunca foi uma ameaça para América. Ele poderia ser uma ameaça ao Kuwait, uma ameaça aos Curdos certamente, uma ameaça ao Irã, talvez, novamente, embora eu duvide. O Iraque poderia ser uma ameaça à Síria se ele quisesse ser. A Síria não tem armas de destruição em massa, falando nisso. Acreditar que o Iraque era uma ameaça à América, é acreditar em uma bobagem. Para o Sr Blair persuadir os Britânicos e cerca de um-terço de seu próprio partido, de que a Grã-Bretanha estava sendo ameaçada pelo Iraque, é novamente uma completa, total bobagem. Simplesmente não é verdade.

Liberdade foi elevada à uma posição para qual não é mais sobre liberdade que você está falando. Liberdade é uma das imperativas necessidades humanas. Sem liberdade, não há vida real. Ela é uma grande qualidade divina, mas também há a justiça. Não pode existir liberdade sem justiça, ou justiça sem liberdade.

O "mito" Americano da liberdade é baseado no fato de que as massas Americanas acreditam naquilo que elas chamam de liberdade, mas obviamente não acreditam em justiça. Eu descobri que na mente Americana, eles igualam justiça com sistema legal. Vocês estão muito preocupados com legalidade. O sistema legal é bem desenvolvido na América. Mas ele não possui nenhuma relação com a justiça, a não ser a justiça legal. Justiça é outra coisa. Justiça tem relação com corretas relações, assim como liberdade está relacionada com corretas relações. Você não pode ter uma sem a outra.

As massas de pessoas formando a personalidade da América, se condicionaram de certa forma em verem a liberdade como a necessidade principal para todas as pessoas, e a justiça como estando tão atrás, de forma que é como se ela não estivesse lá. Vocês têm 275 milhões de pessoas neste país, das quais cerca de 44 milhões não têm acesso à um sistema de saúde. Isto é inacreditável. Esta é uma grande proporção da população que não pode ir ao médico, que não podem conseguir um dente falso, ou irem ao dentista se elas precisarem, que têm medo de ficarem doentes, porque elas terão que faltar no trabalho e não serão pagas por ele. Isso é uma abominação.

É por isso que, entre as prioridades de Maitreya, Ele declarou: comida o suficiente, abrigo, saúde e educação. Estes são os essenciais para todas as pessoas, na verdade, como direitos humanos. Isto também está na Carta das Nações Unidas, que foi em sua maior parte escrita pelo Presidente F.D. Roosevelt. Vocês sabem sobre isso, e mesmo assim, não há ênfase da parte do pensamento Americano sobre o conceito de justiça. Vocês sabem o que igualdade significa, e vocês não gostam disso. Vocês a chamam de comunismo, socialismo.

Maitreya diz que nenhuma nação pode funcionar com uma roda. Se você ver uma nação como uma carroça, ela deve ter duas rodas; de outra forma, ela não andará. Se uma roda apenas for o capitalismo, ela não se movimentará. Se uma roda apenas for o socialismo, ela não andará. A única coisa que faz a carroça, isso quer dizer, suas estruturas político/econômicas funcionarem adequadamente, é ter o melhor do socialismo e o melhor do capitalismo. Os Mestres aconselham 70 por cento de socialismo e 30 por cento de capitalismo como a melhor proporção.

P. Por que nós não ouvimos ninguém falar sobre as causas do terrorismo?
R. Porque as pessoas não as entendem, e estão apenas com medo. Eu não estou surpreso, porque é uma visão bem sofisticada ver que há uma causa mesmo por trás do terrorismo. As pessoas estão tão amedrontadas pelo o terrorismo, principalmente nos Estados Unidos, e principalmente desde o ataque de 11/9 ao World Trade Center. Os Americanos estão psicologicamente chocados até o centro. Isso transformou o pensamento e sentimento dos Americanos mais do que qualquer outra ação desde a Guerra Mundial. É como se algo terrível, absolutamente terrível, insuportável, uma afronta à sua ascensão, sua invencibilidade, tivesse ocorrido, ao invés de dizer, que foi um ataque terrorista, e que nós devemos construir nossas defesas contra o terrorismo e andarmos adiante, seja lá qual passo for este. Não vingança contra as pessoas do Afeganistão, que não são, ao todo, terroristas, e não contra as pessoas do Iraque, que não eram terroristas, e que não invadiram ninguém por uma década (naquela época, foi contra seus vizinhos e não a América).

É um conceito muito difícil para as pessoas entenderem, que há uma causa quanto ao terrorismo. Isso está relacionado com o fato da injustiça que prevalece no mundo. Este é um conceito muito difícil para os Americanos, acima de tudo, e mesmo para pessoas de outras nações, assumirem-- o conceito de que a justiça é tão real e importante quanto a liberdade.

P. Quantos iniciados de terceiro-grau estão nos EUA?
R. Eu não vou responder isso, mesmo que eu pudesse conseguir a resposta. Esta é outra ênfase nos EUA. Vocês precisam aprender a se esquecerem de alguma forma dos EUA. Vocês vêem os EUA como uma extensão de vocês mesmos. O mundo é a real extensão de nós mesmos.

Nós vivemos em um mundo no qual existem cerca de 865.000 iniciados de primeiro grau, cerca de 250.000 iniciados de segundo grau, entre 2.000-3.000 iniciados de terceiro, 450 iniciados de quarto-grau, e 63 Mestres.

KARMA — A LEI DE CAUSA E EFEITO

P. Você disse que um certo número de ex Nazistas encarnaram em Israel. Parece que eles estão continuando com o mesmo padrão de suas vidas passadas-- opressão e abuso quanto aos outros, motivado radicalmente, tomando terra para o grupo "escolhido". Como a Lei do Karma ajuda as almas individuais aprenderem e evoluírem desta foram?
R. A Lei do Karma não ajuda as almas individuais aprenderem e evoluírem desta forma. Certamente, a Lei do Karma está em funcionamento na mudança de lugar desses militares Nazistas e outros líderes, que estão agindo em Israel, como eles teriam agido na Alemanha em suas encarnações anteriores.

Isto é por causa de suas estruturas de raio, e porque eles se encontram em uma situação semelhante. Eles se vêem como Israelenses. Eles simplesmente lêem os problemas do tempo. Os problemas para eles são os de que Israel é visitado cada semana por jovens, homens e mulheres, que se explodem quando eles entram em um ônibus ou em um café, e matam Israelenses. Os Israelenses odeiam isso. Eles odeiam a falta de expectativa em relação a isso; este é um dos terrores do terrorismo.

Como a Lei do Karma ajuda a alma individual a aprender e evoluir desta forma? Isto é ver as coisas de um ponto de vista idealista. A Lei do Karma não está envolvida com idealismo. A Lei do Karma é uma lei muito benigna, que você mesmo coloca em movimento e que o leva aos eventos que você iniciou. Conforme você pensa, você cria formas de pensamento. Suas ações criam causas. Estas causas criam efeitos. Os efeitos são o que você experiencia. Eles criam a nossa vida, para o bem ou para o mal. Esta é a Lei do Karma, e mostra a necessidade por inofensividade em cada situação. É isso que as pessoas não sabem.

"A Lei do Karma ajuda a alma individual a aprender e evoluir desta forma?" Estas pessoas encarnadas em Israel estão em relação, provavelmente, com milhares de Judeus na Alemanha que elas mataram e oprimiram de cada forma. Elas cresceram para odiar Judeus por qualquer razão. Foi o objetivo de Hitler se livrar de todos os Judeus do mundo, se ele pudesse. Ele não conseguiu fazê-lo, mas os Nazistas se livraram de cerca de 6 milhões na Europa. Eles são responsáveis, e agora, voltaram como Judeus.

Não é aprender a evoluir. É a Lei de Causa e Efeito, isso quer dizer, karma. Eles estão vivendo como as mesmas pessoas que eles odiavam tanto e oprimiram em sua encarnação passada. Eles também estão trazendo com eles a qualidade de suas estruturas de raio, as energias que eles usam, que deram à eles poder na Alemanha. Estas pessoas não eram as pessoas no topo, mas as pessoas abaixo dele, na SS e o exército. Não são apenas alguns indivíduos, existem muitos. Grande número de Nazistas reencarnaram também na Argentina e em outros lugares, incluindo os EUA.

P. Você pode dizer algo sobre a relação entre a liberação das Forças da Materialidade e as repercussões kármicas das pessoas através das quais elas trabalham? A energia do Anticristo e a energia das Forças da Materialidade são a mesma?

R. Sim, elas são a mesma. Hitler não está mais em encarnação; ele está naquilo que Cristãos chamariam de purgatório. Quanto tempo ele ficará lá, eu não tenho idéia, mas um bom tempo. Há uma relação direta com o mal que uma pessoa fez através do trabalho com as forças da involução. Quanto maior o impacto disso no mundo, maior será o karma da pessoa.

Existem algumas pessoas que não são essencialmente más, como Stálin. Stálin, que era uma iniciado de segundo-grau, não era mal. Ele era meio "cinza", não "negro". Ele não estava necessariamente trabalhando com o mesmo tipo de energia. Ele estava trabalhando por um ideal, pelo que ele pensava que era para o benefício da Rússia.

Todos os crimes que ele cometeu contra indivíduos e milhões de pessoas, ele fez pela causa "melhor", pela causa de sua idéia de uma nova Rússia. Isto tem um idealismo que você pode separar da simples maldade das forças trabalhando através de Hitler e companhia. É uma utilização errada do poder, e uma falta de reconhecimento da diferença entre o bem e o mal. Enquanto que Hitler (também um iniciado de segundo-grau), foi literalmente obssediado pelas forças, e em uma extensão menor, Mussolini na Itália. Mas a relação deve sempre ser com a quantidade de energia usada.

Um iniciado de segundo-grau pode tocar o "lado negro" de uma forma experimental, procurando por "incentivos", por algo interessante, de curiosidade, sabendo que não é a coisa certa a se fazer, mas mesmo assim sendo tentando por ele. Um iniciado de segundo-grau é bem elevado, mas não ainda perfeito. Não que um iniciado de terceiro-grau seja perfeito, mas um iniciado de segundo-grau ainda não é Crístico, não está completamente do lado da Luz. Ele pode ser ambos, e ser utilizado por ambos.

Este é o problema para alguns iniciados de segundo-grau. Eles não sabem onde que eles devem estar. Eles não sabem muito bem o que querem. Stálin queria poder. Ele queria uma boa vida para o povo Russo, mas ele estava obcecado pela sua própria habilidade em oferecê-la. Ele não poderia oferecê-la sem fazer muitas decisões erradas, mas seus objetivos não eram ruins. Esta é a diferença.

Isto está relacionado com propósito. Qual foi o propósito por trás da ação? Se o propósito é mal, então a ação é má. Se o propósito é bom, mas os resultados são ruins, há provavelmente menos energia sendo gasta e utilizada neste processo, então o resultado kármico seria menor.

P. Nós experienciamos vidas nas quais recebemos os resultados de nossas ações anteriores?
R. É lógico. Suas ações anteriores criam sua vida existente. Isso é exatamente o que karma é. A forma pela qual nossas vidas são levadas agora é o resultado de ações que nós tomamos no passado, e tomamos hoje. Não é apenas o passado. Karma é uma lei dinâmica, que envolve cada ação que tomamos. Nós não paramos de agir apenas porque nós renascemos. Nós começamos tudo novamente, e o fazemos de forma muito assídua. Se elas são ações boas, elas trazem bom karma. Se elas são ações destrutivas, elas trazem dor e sofrimento.

Essas pessoas irão sofrer? O sofrimento que elas causaram, elas irão sofrer. O sofrimento que outra pessoa sofreu como um resultado de suas próprias ações, elas irão sofrê-lo de uma forma ou outra. Não é uma lei mecânica, mas uma lei exata. É como se os Senhores do Karma pesassem a qualidade da energia gasta pelo pensamento ou ação, e ela voltasse para você da mesma forma. Muitas pessoas que são assassinadas no mundo estão trabalhando através de uma situação kármica.

P. Novo karma está sendo criado a todo momento, certo? Nós não podemos apenas assumir que esta pessoa matou a outra em outra vida.
R. Não, você não pode assumir.

P. Como você sabe o que realmente está acontecendo então? Você não pode saber. Você não pode assumir que o

karma é sempre apenas o que está acontecendo nesta vida. Alguém, poderia apenas estar fazendo algo à você ou outra pessoa pela primeira vez.
R. Precisamente. É um processo dinâmico. Você está lidando com uma situação dinâmica. Há karma ruim e novo karma sentados lado a lado na consciência de todo mundo. É lógico, há uma primeira vez para tudo.

P. Então como isso terminará?
R. Não há um fim. Precisa existir uma resolução do karma. Por exemplo, eu conheço uma mulher que em sua vida presente foi abusada sexualmente pelo seu pai, que continuou até que ela tivesse 14 ou 15 anos. Este foi um resultado direto do fato de que na vida anterior, ela era o pai, e o pai foi a filha que foi sexualmente abusada pela (agora) filha. Este foi o resultado de uma vida ainda anterior na qual o pai foi o pai e a filha foi a filha. Foi uma troca sucessiva de relações nestas três vezes. Eu fiz a pergunta que você acabou de fazer, e meu Mestre disse: "Será resolvido nesta vida. É improvável que vá além desta vida." Este é o karma.

P. Ele pode ser resolvido através do perdão?
R. Perdão é uma das maiores leis que mitigam e diminuem a força do karma. Karma é uma Lei e ela age impessoalmente. Existem quatro grandes Senhores do Karma Que manipulam esta Lei. É uma Lei impessoal, mas se perdão está presente na pessoa que sofreu o dano, isso pode mitigar tremendamente o resultado da Lei. Talvez não totalmente, mas depende da totalidade do perdão. Nem todos nós somos Jesus.

P. E quanto a pessoa perdoar a si mesma?
R. Isto é algo diferente. Perdoar a si mesmo não tem nenhuma relação com karma. É culpa.
    Uma das principais tarefas de Maitreya é remover a culpa da humanidade. As pessoas se sentem culpadas por razão alguma. Elas se sentem culpadas porque elas são

muito sérias, ou porque elas tomam os problemas das outras pessoas, o ódio das outras pessoas, a falta de amor das outras pessoas, ou seja lá o que for. As pessoas se sentem culpadas, principalmente crianças. Filhos cujas famílias se desmancham, seus pais e mães se divorciam, freqüentemente se sentem pessoalmente aqueles a se culpar pelo divórcio de seus pais, tão traumático que isso é para eles. Eles acham que não amaram seus pais o suficiente, ou que eles não foram "bons", ou que fizeram "coisas erradas". Isto não tem nenhuma relação com a própria criança, é lógico. Faz parte da sensibilidade de uma criança não culpar seu pai ou mãe, mas culpar a si mesmo pelo fato de que o pai e a mãe não vivem mais juntos.

Isso está se relacionado com perdoar a si mesmo. As pessoas não irão se perdoar, porque elas se apegam aos resultados de suas ações. Você não pode alterar o passado. O passado é o passado. O que você pode alterar é o seu apego ao passado. Se o seu apego está fixo sobre suas ações ou não-ações em relação à uma pessoa morta, por exemplo – você não cuidou dela o suficiente, ou não era boa com ela, ou o que seja – então você se sente culpado. Elas morreram, e você se sente culpado de que você não foi melhor e mais bondoso. Não há nada que você possa fazer quanto a isso. Talvez não fosse nem verdade, mas este é o sentimento que você tem porque elas morreram. Você não pode mais dizer à elas o que você poderia facilmente ter dito, que teria tornado suas vidas melhores.

Se você se apega a isso, você se apega a culpa. Você pode continuar se culpando por anos, por não ter feito o que você sente você deveria ter feito para esta pessoa. Isso é um apego, uma coisa negativa. O apego é reter parte de sua energia e atenção. Sua psique está fixa lá, quando ela deveria estar livre. Você não está mais livre se você está apegado, mesmo para algo que você sente: "Mas eu deveria ter feito...". Talvez você deveria, mas você não pode mudar isso agora que a situação mudou. Você precisa aprender a se desfazer do passado, deixá-lo para trás, ir em frente. Não se prenda ou apegue a algo que você não pode reparar. Isto acabou.

P. É verdade que, possivelmente, este sentimento de apego é porque nós devemos nos tornar responsáveis karmicamente por estas coisas?
R. Pode ser, se você conhecer a Lei do Karma. Este pode bem ser o caso. Mas normalmente, eu não acho que isso seja assim, a não ser que você acredite em Deus olhando para baixo a todo o tempo e mexendo o Seu dedo. Você aprendeu bem cedo que quando você era "ruim", quando você não era bom, quando você não era gentil, que Deus estava olhando. Todo o mundo é educado com esta fantasia. Deus tem muito o que fazer para ver crianças contando mentiras!

PROBLEMAS RELIGIOSOS

P. O Mestre Djwhal Khul disse que por trás de cada problema no mundo, havia um problema religioso. Como este problema será resolvido – Ele disse que isso levaria um longo tempo?
R. Este é um fato. Levará um longo tempo. É verdade que por trás de quase toda guerra e luta ocorrendo no mundo, está uma divisão religiosa. Não deveria existir nenhum problema quanto a divisão religiosa. Existiram lugares onde Cristãos, Judeus e Mulçumanos viveram juntos em paz por centenas de anos. A Espanha foi um deles. As divisões religiosas podem estar lá, mas assim que há um problema externo, por exemplo, no nível político/econômico, então a divisão religiosa vem à frente e toma proeminência. Isso lida com as crenças religiosas das pessoas, que para muitos, são os laços emocionais mais fortes que temos.

Quando a Índia foi dividida, ocorreram massacres extraordinários. Comboios inteiros de Indianos (Hindus) eram massacrados por Mulçumanos, enquanto que o Paquistão estava apenas começando a ser formado. Eles vieram da Índia e estavam acostumados a serem Indianos, mas eles não eram Hindus, eles eram Mulçumanos. Então houve conflito entre Mulçumanos e Hindus, ao invés de entre Índia e Paquistão. Então Bengala, que era parte do Paquistão, se envolveu e, novamente, houve conflito entre Mulçumanos e Hindus. Então Bangladesh foi formado e a mesma coisa aconteceu.

Quando as pressões político/econômicas não conseguem ser resolvidas de forma relativamente fácil, elas sempre se transformam em uma divisão religiosa. E isso continuará. Era, e ainda é assim na Irlanda do Norte, embora a batalha tenha terminado; é assim na Nigéria e outras partes da África. Será a última das grandes intolerâncias do mundo a serem resolvidas. As crenças religiosas de um povo são próximas a ele como nenhuma outra coisa, que é outra forma de dizer que a relação com a humanidade para o que nós chamamos Deus é mais forte do que nós admitimos ser. É o pensamento mais forte nas mentes da maioria das pessoas no mundo. Apenas os sofisticados intelectuais da Europa e poucos em outros países têm uma visão mais ampla, e não estão comprometidos com alguma religião. Apenas se você abriu mão da religião cedo na sua vida, você toma esta posição. De outra forma, o medo de estar separado do país com o qual você identifica sua religião é supremo. Até que nós aprendamos a ser mais tolerantes, isso continuará.

Existem três grandes associações da humanidade: política, econômica e religiosa, que se manuseadas de forma errada, se tornam uma ideologia corrupta ou totalitarismo. Existem as ideologias políticas: Democratas, Fascistas e Comunistas, e por aí vai. O totalitarismo político diminuiu e está realmente em declínio. O totalitarismo econômico no momento está em excesso. É quanto a isso que Maitreya, mais do que qualquer outra coisa, falará, porque ele é a chave para os outros, para a tolerância que é necessária para lidar com os outros. O último a ir embora, mas agora nas alturas de seu poder e influência, é o totalitarismo religioso. Se você está no topo, só há um único caminho para o qual você pode ir, e este é para baixo. Gradualmente sua influência diminuirá, mas levará tempo.

APRESENTADO A INFORMAÇÃO AO MUNDO

P. Você pode nos dar uma conselho geral quanto a falar com o público?
R. As pessoas se perguntam como você deveria fazer isso-- como você pode falar de tal forma a atrair suas atenções e tocá-las, falando do coração, fazendo-as entender o que é que você está dizendo, sobre as diferenças entre o mundo desenvolvido e o mundo sub-desenvolvido. Eu acho que a chave para isso, embora você possa não gostar de ouvir, é fazer muito isso, falar muito. Não há forma, se você está falando uma vez por ano, na qual você consiga prática em falar. Você não pode praticar suas diferentes qualidades. Você não pode levá-las em funcionamento ativo, porque você não dá oportunidade à elas. Se você fala, você precisa falar em uma base regular. Eu não quero dizer todo o dia, mas cada outro dia será bom! Quanto mais você o faz, melhor você se torna nisso.

P. Quem Maitreya é, como o Senhor do Amor e da Compaixão, foi mais profundamente revelado à mim na sua palestra. Deveríamos nós, como um grupo, focar nossos esforços numa forma de trabalho mais centrada no coração?
R. Sim, é lógico. Mas não é como se você escolhesse: "Hoje, eu estarei centrado no coração.Ontem eu estava muito centrado no cérebro, e eu dei uma palestra maravilhosa. Hoje eu vou dar uma palestra centrado no coração. Ela alcançará pessoas diferentes. Eu serei mais eficiente em uma certa esfera, menos eficiente para os cerebrais, mas os mais de coração..." Quando você está dando uma palestra, você usa tudo o que você tem. São o coração e a cabeça. Não é mais centrado no coração. Você não pode fazê-lo de outra forma. Isso não quer dizer que você não precisa da "cachola" [cérebro]. Você coloca a mensagem em palavras que as pessoas possam entender, que as afetem, mas que as façam pensar. Você usa tudo que está disponível em você para fazê-lo. Você não diz: "Eu sou uma pessoa do coração. Eu só

consigo falar do coração, e tudo o que eu faço vêm do coração." Não é assim. Você apenas fala, e seu coração é envolvido; de outra forma, você não estaria neste trabalho. Seu cérebro e mente estão envolvidos; de outra forma, você não estaria dando a palestra. Quando você está dando a palestra, você todo está envolvido.

Se você está fazendo isso de um nível alto o suficiente de concentração, você descobrirá que sua intuição funcionará. A intuição é a voz da alma. É a sua alma assumindo, usando o equipamento de seu cérebro para estruturar idéias.

As idéias e pensamentos que realmente contam com uma audiência, permitem a você se erguer acima do tédio total de dizer a mesma coisa continuamente, porque é isso o que nós estamos fazendo. Eu estive fazendo a mesma coisa por 30 anos, mesmo assim, as pessoas acham que cada vez que elas a ouvem, ela é diferente. Você a diz como você deseja. Você a diz com sua intuição. Se você utilizar sua faculdade de intuição, você descobrirá que você está dizendo coisas que você sabe serem verdade, mas você nunca pensou ou disse antes. Mas você sabe que assim que você as disse, que isso é verdade. Isso é porque sua intuição está funcionando, e você apenas pode deixá-la funcionar quando você está relaxado e focado ao mesmo tempo, focado de forma bem elevada na cabeça.

P. Como nós podemos traduzir nossa informação em termos nos quais as pessoas possam se relacionar? Como nós podemos torná-la mais real e mais acessível para elas?
R. Aparições pessoais, programas em rádio e televisão, estas são as armas, o modus operandi para contatar o mundo e contar a história. Como eu disse, quanto mais você faz, melhor você será nisso. E quanto mais você faz, mais você desfruta.

Se você está interessado, você a tornará interessante. Se você está interessado no assunto e as idéias, e faz delas as suas próprias, conte-as como se elas fossem suas, e relacione-as com o mundo, relacione-as com a realidade, e não como uma coisa seca, e então a audiência inevitavelmente responderá. Mas você precisa fazê-lo, e desfrutar. Você precisa esquecer de si mesmo e esquecer que é você quem está fazendo isso, e apenas fazê-lo. Aprenda a fazê-lo; isso quer dizer, faça-o freqüentemente.

Esta é a maior história do mundo. Nunca é muito cedo para falar sobre coisas importantes como o Reaparecimento do Cristo, pela primeira vez em Sua total presença física no mundo, não um ofuscamento de um discípulo. Isto nunca aconteceu antes, e nunca acontecerá novamente. É a culminação de 98.000 anos de experiência e vida por trás das cenas, como os Mestres o fizeram durante todo este tempo. Este é um tempo sem precedentes em toda a história do mundo.

Nós temos a maior história que já foi dada à algum grupo para falar. Ela é inestimável, maravilhosa. Ela tem tantas ramificações, e é muito próxima das necessidades da humanidade. Você pode juntar os fatos diferentes que tornem a história mais fascinante. Jornalistas a adoram.

As pessoas amam ser entretidas. Não tenham medo em fazer uma piada, se você conseguir pensar em uma piada. Melhor, deixe a piada vir sozinha. Se ela vier, pegue-a, e coloque-a lá.

P. Você poderia explicar por que desapego é tão importante ao se apresentar esta informação?
R. Eu diria que a questão do desapego é central, tanto para a compreensão do papel dos grupos ao apresentarem esta informação ao mundo, quanto no trabalho no limite da capacidade de alguém, internamente e externamente, aprendendo a ser desapegado, sem ser isolado. Esta é a chave, eu acho, para a declaração que eu fiz sobre uma revelação ao coração de Maitreya, cheio de toda a angústia, a dor e sofrimento, miséria, desapontamento, grito de bilhões de pessoas, e ao mesmo tempo, ser capaz de ser engraçado, de ser alegre ao extremo, espontâneo em Suas relações com as pessoas que Ele encontra na rua.

Em uma experiência numa das recentes edições da revista *Share International*, por exemplo, uma mulher se viu sendo pedida à ela pela terceira vez por 65 cinco centavos Americanos. Ela começou a ficar levemente irritada, porque da primeira vez, ela o deu de bom grado, a segunda vez, ela o deu talvez com um pouco mais de resistência, e desta vez ela disse: "Por que são sempre 65 centavos? "Sessenta e cinco é tão específico, mas isso não se relaciona com nada, talvez um selo de 65 centavos e isso seja tudo". Maitreya disse (foi Maitreya Quem pediu pelos 65 centavos): "É uma dádiva de Deus." Ela disse: "Sessenta e cinco centavos são uma dádiva de Deus?" Ele disse: "São na verdade 70 centavos." Ela se divertiu tanto pela resposta rápida, que ela deu mais dinheiro, ela não disse quanto, mas pelo menos 65 centavos. Então ela percebeu que Ele estava dando à ela a oportunidade de dar, de aprender a dar. Muitos Americanos, eu acho, são bons em darem. Eles têm uma generosidade enorme, mas quase um número igual de Americanos, e isto se aplica igualmente à todo mundo desenvolvido, geralmente são tão generosos como avarentos. Avarento é uma palavra que significa não gostar de dar dinheiro, principalmente para um estranho que está pedindo por 65 centavos pela terceira vez. Ele a fez entender que isso era uma dádiva, a oportunidade de dar uma dádiva , mesmo que apenas 65 centavos. Do ponto de vista espiritual, é uma dádiva para você mesmo.

Eu acho que as pessoas não entendem suficientemente esta qualidade que os Mestres têm em tal abundância. É uma generosidade de coração, de espírito. Eles entendem que dar é algo Divino. Se alguém está em necessidade, é gesto Divino dar. Maitreya parece sempre retornar à isso, voltando como um pedinte continuamente, pedindo por 65 centavos ou $2.

Eu encontrei Ele uma vez quando Ele pediu por $2. Ele apareceu com um jovem bem vestido em Berkeley, Califórnia, que parecia como se ele não particularmente precisasse de $2. Ele tinha dito que era para gasolina, para sua van. Eu olhei subindo e descendo a rua, e não vi nenhuma van. Eu não me importava de forma alguma em dar à ele $2, mas eu pensei, quando eu o dei, que isso dificilmente poderia ser para sua van. Quanta gasolina você pode conseguir por $2?

P. Que efeito a emergência de Maitreya terá nos grupos do Reaparecimento?
R. Por um lado, será emocionante. Sua vinda, obviamente terminará com o trabalho de tornar conhecido o fato da presença de Maitreya no mundo.

Não há dúvidas de que um esforço tremendamente educacional será solicitados dos grupos, porque as pessoas em todos os lugares desejarão saber. Você terá que estudar, se você ainda não o fez. Muitas das perguntas, como é o caso hoje, serão sobre Jesus, e sobre aqueles ao redor de Jesus e Sua mãe. As pessoas gostarão de saber: "Jesus realmente se casou com Maria Madalena? Eles tiveram um filho? Quantos e como eles se chamavam? Alguns deles estão por aí agora?" e por aí vai. As pessoas são insaciáveis quanto a essas questões. Você terá muito trabalho a fazer, principalmente educacional. Mas há também um mundo a se salvar, e os grupos poderão se envolver neste trabalho.

P. A América é tão diversa e grande, nós precisamos desenvolver mais participação ativa local. Você, por favor, poderia discutir a importância da iniciativa local e de se trabalhar como um grupo?
R. Participação local é a necessidade número um. Isso é democracia. Políticos falam sobre democracia, mas realmente não há muita democracia. Eles são aqueles que tomam as decisões, e eles são o governo. Desta forma, sua democracia é diminuída.

Democracia é democracia não apenas através do voto, mas através da participação. Quanto mais participação há, mais a democracia é uma realidade. Até que isso prevaleça, nós podemos apenas dizer que há um movimento em direção à democracia, não democracia real no mundo. Se você quer democracia, você precisa participar. Isto significa ação. Isso não quer dizer deixar para outra pessoa participar-- você precisa fazê-lo. Em um nível local, quanto mais você faz, mais eficiente você se torna. Se você participa como um grupo em um nível local, seu efeito em uma área local pode ser muito mais positivo, na verdade, mais eficiente do que pode ser no nível abstrato da política nacional e internacional. É muito difícil para uma pessoa mudar as ações de um governo, mas para uma pessoa ter um impacto forte em um grupo em um nível local, não é impossível. Isso está acontecendo a todo momento. Pessoas com algo a dizer, com idéias que a comunidade acha que são boas e práticas, estão mudando a vida em cada país no mundo. Isso está acontecendo, estejamos nós conscientes ou não.

Em cada país, em níveis locais, uma grande mudança está acontecendo; mais e mais pessoas estão tomando decisões sobre suas próprias vidas. Elas estão fazendo isso no Oriente, em países que até agora nunca tiveram nenhuma representação real, ainda menos participação. Aqui nos EUA, vocês têm representação, mas não muita participação, com exceção de em um nível muito local. Vocês precisam fazer o melhor uso disso. Existem vários tipos de grupos que trabalham de uma forma participativa na educação, vida comunitária, esportes, e por aí vai.

Nosso tema é o Reaparecimento do Cristo, não esporte ou trabalho comunitário, embora isso possa envolver trabalho comunitário. Se você trabalha em um nível comunitário, você pode encontrar muito mais apoiadores do que você pode pensar. Você seria capaz de abordá-los um a um. Não há nada como interação um a um, face a face, para levar as idéias do Reaparecimento, e tudo o que ela significa em termos de transformação mundial, para a consciência de outra pessoa. Elas estão mais abertas quando você está falando com elas, e você é mais persuasivo quando você o faz-- desde que você seja persuasivo sem ser invasivo!

Se você trabalha com um grupo, você é mais eficiente. Trabalho grupal é o trabalho do futuro. As energias Aquarianas só podem ser reconhecidas, absorvidas e usadas em formação grupal. Você descobrirá grupos crescendo pelas próximas centenas de anos. Quando você está em um grupo, você potencializa todas a ações que os indivíduos investem no grupo. É uma forma muito potente de se trabalhar.

    Não é acidente que toda vez que a Hierarquia começa algo, Ela cria um grupo. Ela não pode contatar uma pessoa e dar à ela um grupo, ou dar à ela os meios de se contatar um grupo, e então aquele grupo trabalha unido. É por isso que você tem a Sociedade Teosófica, a Escola Arcana, e nossos grupos ao redor do mundo, que estão trabalhando pela emergência de Maitreya e os Mestres. Trabalho grupal é a resposta.

P. Você ou o Mestre têm algo específico que acham seria melhor para nós fazermos como divulgação neste momento em particular?
R. Sim. Mais divulgação. Mais do mesmo, ou um pouco melhor do que o mesmo. Se vocês estiveram usando bandeiras, que vocês estiveram, talvez vocês tenham colocado as bandeiras erradas-- muitas Estrelas e Listras, e não bandeiras o suficiente das Nações Unidas. Vocês precisam ampliar seus horizontes e pararem de pensar quanto a vocês mesmos, isto quer dizer, a América. Pensem no mundo e no impacto da América no mundo no tempo presente. Vocês precisam ampliar seus conceitos de lealdade e dá-la ao mundo como um todo. Em termos práticos, isso quer dizer às Nações Unidas – não o Conselho de Segurança, mas a Assembléia Geral, que são quase todos os países do mundo.

P. Você mencionou que era para nós estarmos aqui, que nosso karma é estar nestes grupos. Eu me pergunto se isso é para todos ou para algumas poucas pessoas?
R. Há uma grupo envolvido em fazer o contato inicial com o público sobre a informação, sobre o retorno do Cristo ao mundo. Este grupo consiste de entre 4.000 a 5.000 pessoas que vieram em encarnação neste momento, relacionadas

karmicamente, não ao Reaparecimento do Cristo, é lógico, mas uma com as outras em relação à Hierarquia. Para elas foi dada a oportunidade (é isso o que é uma oportunidade kármica) de superar o karma de seus passados; fazer o trabalho de preparar o caminho para o Cristo, criando o clima de expectativa, de forma que Ele possa entrar em nossas vidas sem infringir nosso livre arbítrio; apresentando não o Cristo, mas as palavras, as idéias, as preocupações do Cristo para o mundo, à frente de Sua presença física aberta. Em retorno, Ele dá aos grupos Sua benção e acende dentro deles um fogo que, conforme ele se torna cada vez mais quente, leva-os à frente na evolução.

    É isso o que está acontecendo. O Cristo está dando à elas a oportunidade de servir, uma oportunidade que é inacreditável. Eu provavelmente não sei qual é a profundidade da verdade desta declaração, mas eu posso dizer à vocês que esta é uma oportunidade que é apresentada apenas agora e nunca será repetida, porque a Hierarquia está retornando ao mundo. Da próxima vez, será uma história diferente, uma situação diferente. Os Mestres conhecem as pessoas às quais foram oferecidas esta oportunidade, e eles sabem que este é certo, é certeza, que elas irão fazê-lo. Elas trabalharão o quanto puderem. Esses aqui, bem, eles farão o seu melhor, mas de uma forma silenciosa. E esses, bem, há uma sinal de interrogação quanto a se eles irão fazê-lo ou não, mas se eles tiverem o bom senso e aproveitarem a oportunidade, eles irão fazê-lo.

    Este é o ponto – a oportunidade é apresentada, mas não há infringimento do livre arbítrio. Isso apresenta a dádiva do serviço ao grupo. Alguém tem que fazê-lo. Eles têm um pouco mais de 4.000 pessoas, que não parece muito em uma população global de 6.5 bilhões, mas todos eles estão relacionados com a Hierarquia de algum forma. Todos eles são discípulos ou aspirantes ao discipulado.

    É uma oportunidade apresentada para pessoas que têm algo em comum, uma relação kármica. Elas são membros – em um nível baixo, é lógico – da Hierarquia, e à elas foi dada a oportunidade de servir neste plano, de fazer a abordagem inicial à humanidade sobre a "história" do Reaparecimento e todas as partes relacionadas dela. Ela nunca seria feita, se não fossem as exigências do tempo. É parte da boa sorte (embora não seja uma questão de sorte) das pessoas envolvidas, que elas tenham feito o suficiente em suas vidas anteriores. Veja-se como sortudo por ouvir sobre esta história, sortudo em ter a oportunidade de trabalhar com ela, em torná-la sua e em ser um dos valentes 4.000!

P. Não existem outros discípulos que poderiam estar trabalhando como você para tornar conhecida a presença do Cristo?
R. Haviam cinco pessoas que você poderia pensar, seriam as pessoas chaves nas 4.000 pessoas envolvidas neste trabalho ao redor do mundo: uma em Nova York, eu em Londres, uma em Genebra, uma em Darjeeling e uma em Tóquio, todas escolhidas para serem as primeiras apresentadoras. Ao redor delas, se juntariam mais, então isso se tornaria um acontecimento mundial. Esta informação estaria vindo dos cinco maiores centros espirituais ao redor do mundo, de Nova York a Tóquio, um plano brilhante, com exceção de que aquele em Nova York não acredita nisso. Ele esteve em minhas palestras várias vezes, mas não acredita na história. Eu sou aquele em Londres. Aquele em Genebra, como aquele em Nova York, não acredita na história. Ambos são místicos Cristãos, influenciados por pessoas como Rudolf Steiner, que morreu antes que o plano de que seria o Próprio Cristo a retornar estivesse finalizado. Steiner tinha certeza que o Cristo não poderia retornar em um corpo físico, e pensou que quando o Princípio Crístico estivesse despertado suficientemente nos corações dos homens, então nós poderíamos dizer que o Cristo está no mundo. Este é um aspecto do Reaparecimento do Cristo. As pessoas que seguem Steiner fecharam suas mentes quanto à própria possibilidade do Reaparecimento do Cristo como um homem físico no mundo, além dos 40 Mestres ou mais Que estão semelhantemente vindo.

O homem em Darjeeling ainda está adormecido, e aquele em Tóquio é uma mulher que acredita que *ela* é Maitreya, então eles não estão fazendo um trabalho muito bom. Isso não foi falha da Hierarquia, porque Ela simplesmente apresenta a oportunidade para servir. Todos os discípulos têm livre arbítrio, e têm o direito de não assumirem o trabalho.

Nós precisamos fazer com que isso aconteça. Nós precisamos "fazer o barulho" no mundo, que faça com que as pessoas entendam que isso está acontecendo, e então criar o clima de esperança, de expectativa para que isso ocorra, e erguer a esperança da humanidade que está desesperada. Ela precisa ter uma esperança pelo futuro, e nada lhe dá mais esperança do que o pensamento do Reaparecimento do Cristo ou o Imam Madhi, Buda Maitreya ou Krisnha. Isto ergue seu espírito e alivia sua ansiedade e tensão.

P. Esta questão é sobre a diversidade em se apresentar a história do Reaparecimento. Se é verdade que quatro discípulos elevados recusaram apresentá-la ao público, então talvez a história tenha até agora sido apresentada de apenas uma perspectiva, esta é, como uma continuação do trabalho de Blavatsky/ Bailey. Você gostaria de comentar, por favor?

R. Verdade, de fato ela foi, mas eu nunca disse que esses quatros outros eram discípulos elevados. Eu disse que haviam quatro outros discípulos. Eu não disse que nenhum deles era elevado. Há uma diferença. Nenhum deles estava em contato com um Mestre. Se eles estivessem, eles provavelmente teriam agido como eu agi. Se eu não estivesse em contato com um Mestre, e recebido a informação como eles provavelmente a receberam, eu provavelmente não teria agido. Mas eu tinha um Mestre dizendo: "Vá em frente, saia e conte isso ao mundo."

Vocês não tem idéia do quão difícil foi. Não era minha idéia, de forma alguma, sair e falar com o mundo. Eu nunca teria feito isso se eu não tivesse sido bem empurrado a fazê-lo. Então eu não culpo aqueles outros por não terem ido adiante. É verdade, portanto, que ela veio principalmente como uma continuação da informação Blavatsky/ Alice Bailey, que eu acredito seja a correta. Eu nunca a teria dito de outra forma. Eu tenho os pés nos ensinamentos de Blavatsky e Alice Bailey, que eu acredito, são os ensinamentos direto da Hierarquia. Eu só estou interessado no que eu acredito ser a verdade.

Mesmo assim, existem outras formas na qual esta informação poderia ser apresentada. Você poderia ser um crente Cristão. Eu tenho certeza que muitas pessoas neste grupo são crentes Cristãos. Elas saem e falam sobre isso como o retorno do Cristo, e não precisariam se referir a Alice Bailey, Blavatsky ou qualquer outro ensinamento dado. Ela poderia ser apresentada de muitas formas diferentes. Eu não sou estas outras pessoas, então eu não posso apresentá-la de outra forma da qual eu faço. Mas eu tenho absolutamente certeza de que ela poderia ser apresentada de outras formas.

Por exemplo, os Mulçumanos aguardam o Imam Mahdi. Haviam dois homens Paquistaneses que foram enviados à Londres próximo do tempo quando Maitreya veio para cá. Ambos tinham encontrado um "homem santo", um em Lahore, e o outro em Karachi. Eles não se conheciam, e o homem santo era diferente, mas cada um contou ao outro a mesma história. Eles tinham que ir à Londres para prepararem o caminho para o Imam Mahdi. Um era um jornalista e envolvido na política. Ele disse: "Não, eu não posso. Eu tenho meu trabalho. Eu sou um jornalista e um membro do partido político do pai de Benazir Bhuto"(antes que ele fosse morto). Ele disse: "Não há como eu ir." O homem santo disse à ele, meses antes, que ele teria que ir à Londres, tinha lhe dado coisas que ele tinha perdido anos antes e sabia coisas sobre sua família que apenas sua família sabia. Ele se apresentou como alguém que tinha muito conhecimento. Este homem santo disse: "Se você não for, os eventos irão conspirar para forçá-lo a ir."

A mesma coisa aconteceu com o outro homem, que era um advogado. Ele disse: "Eu não posso ir. Eu tenho o meu negócio." O homem santo disse: "Se você não for, os eventos irão conspirar para forçá-lo a ir."

A conclusão é que o Sr. Bhuto foi morto, e qualquer um conectado com ele se tornou suspeito. Eles estavam procurando por membros do partido de Bhuto. Eu não sei que posição o jornalista tinha, mas ele era bem relacionado no partido. Ele tinha um irmão vivendo na comunidade Asiática de Londres. Ele desistiu de seu trabalho e foi para Londres, e conseguiu um trabalho como um jornalista em um jornal Paquistanês.

O advogado, enquanto isso, viu seu negócio falindo, e antes que ele falisse, ele o vendeu pelo bem de sua prática e foi embora para Londres. Estes dois homens não se conheciam, e não tinham se conhecido, até que eu coloquei uma propaganda de página inteira em um dos jornais da comunidade Asiática em Londres, dizendo que o Mahdi tinha retornado ao mundo e estava vivendo na comunidade Asiática de Londres. A informação circulou a comunidade. Estes dois homens do Paquistão a leram. Então, ocorreu que o irmão de um deles conhecia o outro. Assim, ele convidou os dois, e eles descobriram que tiveram exatamente a mesma experiência. Cada um em cidades diferentes, homens santos diferentes deram à cada um deles exatamente a mesma instrução. Então eles decidiram entrar em contato comigo e eu os encontrei.

Eu tinha anunciado em Maio de 1982 que Maitreya estava na comunidade Asiática de Londres, e que se jornalistas bem conhecidos de calibre procurassem Ele, Ele viria adiante para eles. Eu esperava que muitos jornalistas estrangeiros fizessem isso e pedi a estes homens para agirem como seus guias na bem fechada comunidade Asiática, e eles concordaram.

No entanto, aquele que era um jornalista apenas ficou aguardando para que Maitreya lhe desse um tapinha nos ombros. O outro leu tudo o que ele podia sobre o Imam Mahdi, e no processo, se tornou um fundamentalista Mulçumano. Desde então, ele escreveu um livro sobre a vinda ao mundo do Imam Mahdi.

Você pode apresentar esta informação na forma dos Cristãos, dos Mulçumanos, dos Budistas. O Buda Maitreya é aguardado por todos os Budistas. Budistas Japoneses pensam que isso ainda levará cerca de 5 bilhões e 670 milhões de anos, então não há pressa. Isso pode ser apresentado como sendo sobre Krishna ou o Avatar Kalki, ou como o Messias Judeu. Todos eles se referem a Maitreya, sendo isso conhecido ou não.

Eu a apresento da forma Hierárquica, que eu acredito ser a mais informada, a mais verdadeira, a mais profunda, a menos distorcida. Todas as formas religiosas estão distorcidas até algum grau. Levou centenas de milhares de anos para elas descerem até nós, e todas elas se distorceram. Cada escritura sagrada está distorcida até algum grau. Apenas no ensinamento esotérico, eu acredito, você recebe a verdadeira informação.

Se você está em contato com um Mestre, isso é o melhor de tudo. Você não precisa de quaisquer livros ou outro ensinamento. Você pode falar diretamente, e isso é o melhor. Mas isso é raro; isso é realmente bem raro.

SALVANDO-NOS

P. Na palestra de Nova York, você disse: "Nós precisamos nos salvar", e recebeu muitos aplausos. Eu achei esta uma grande expressão unificadora dentro do contexto do Reaparecimento, contrariando algumas preocupações e/ou projeções sobre o Instrutor do Mundo como um salvador.
R. Existem dois aspectos para esta pergunta. Um é o global, o outro, o pessoal. Maitreya vem para inspirar a humanidade a salvar o planeta, e a humanidade de se destruir. É através de Seus ensinamentos que Ele procura nos inspirar a fazer esta mudança. Esta é a expectativa que a maioria das pessoas têm dele como um "Salvador". Mas nós temos que fazer o trabalho por nós mesmos. Como Ele disse há muito tempo atrás, cada pedra, cada bloco, deve ser colocado em lugar pela própria humanidade: "Eu sou o arquiteto do Plano, vocês são os dispostos construtores do Templo da Verdade."

O segundo aspecto diz respeito ao Seu relacionamento com cada indivíduo. Neste caso, Ele não é um salvador, mas um instrutor. Nós precisamos nos salvar pela correta resposta aos Seu ensinamento. Ninguém mais pode fazer isso, nem mesmo o Próprio Maitreya. O Instrutor do Mundo é um salvador, mas Ele não vem para nos salvar. Ele vem para ensinar, e é verdade que nós nos salvamos. Pela correta resposta aos ensinamentos, isso quer dizer, tornando os ensinamentos uma força dinâmica dentro de nossa vida, nós nos salvamos. Salvar é conhecer. Quando você se torna, e é o Ser, você está salvo.

Isto foi apresentado ao mundo pelos grupos Cristãos por 2.000 anos em termos de um Salvador vindo ao mundo para salvar a humanidade dos resultados de seus pecados. Mas isso não possui relação com pecado. Isso é sobre auto-transformação. Nós nos mudamos e entramos no processo de sermos salvos. É um processo estágio por estágio.

Nós nos salvamos em resposta aos ensinamentos, e acima de tudo, pela aplicação dos ensinamentos em nós mesmos. Você pode ouvir ensinamentos e eles continuam como ensinamentos, como eles continuaram por 2.000 anos para milhões de pessoas. Os ensinamentos de Maitreya através de Jesus, que as pessoas ouviram e colocaram na Bíblia, foram explicados de forma errada, ou continuam tão relevantes hoje como eles eram, mas não foram aplicados.

Se nós não aplicarmos os ensinamentos, se eles não forem uma força dinâmica dentro de nós, e portanto uma força pela mudança, nós não nos salvamos. Corretamente aplicados, diariamente, semanalmente, anualmente, os ensinamentos nos transformam, pouco a pouco. Nós ficamos mais próximos de nossa alma, imbuímos mais a energia da alma em nós mesmos, mais da luz da alma. Nós trazemos mais matéria sub-atômica para nossos corpos, mudando-os, os espiritualizando e gradualmente os tornado perfeitos. Isso é salvar a si mesmo – crescer em semelhança com a alma.

A alma procura se expressar através de seus veículos, o homem ou mulher, mas eles precisam responder ao ensinamento. É por isso que o Instrutor vem, para nos lembrar uma vez mais das Leis: a Lei do Karma, a Lei do Renascimento, a Lei da Inofensividade. Nós precisamos aplicar essas leis corretamente, dinamicamente em nossas vidas, não apenas como uma idéia que permanece na cabeça, mas que não faz nada. Nós precisamos realmente aplicar isso e tornar isso um fermento de forma que nos mude. Isso nos eleva e nos muda. Você precisa mudar de acordo com os ensinamentos.

Não é conhecimento por si. É a resposta instintiva ao processo dinâmico do ensinamento. É um processo, não apenas palavras, não apenas sermões, não apenas algo do qual se lembrar. Não importa se você o lembra ou não em termos de palavras. O que de fato importa é se ele se torna um processo ativo um sua vida, e leva você de consciência a consciência, iniciação a iniciação, e eventualmente à perfeição. Isso é ser salvo, e ninguém pode fazê-lo a não ser você.

MAITREYA DÁ UM PASSO À FRENTE

pelo Mestre —, através de Benjamin Creme

A emergência de Maitreya está totalmente completa. Seu trabalho aberto, público, irá começar realmente logo. Então, começará o processo de ensinamento e de se tornar conhecido, gradualmente, às pessoas do mundo O tempo que isso levará permanece obscuro, mas isso deve ocorrer relativamente rápido. Inicialmente, é lógico, poderá existir muita oposição às Suas visões e à natureza de Seu conselho. Isso é de se esperar, tão longe o pensamento prevalecente está de Seu pensamento. Gradualmente, no entanto, a mente incisiva de Maitreya irá atravessar e expor as falhas nas presentes crenças sobre o meio ambiente e em questões sociais, econômicas e políticas. A lógica e sábia compreensão de Suas palavras convencerão muitos a ouvir e contemplá-lo mais, enquanto que Seu raio penetrará nos corações de milhões, e tornará Suas simples palavras em revelações da Verdade. Ninguém, ainda, conhece o poder amável de Maitreya, nem os homens podem sondar Sua impenetrável sabedoria.

Conforme milhões unirem-se à Sua causa, pedindo paz e justiça através da partilha e compreensão, os homens serão tomados e galvanizados pela nova esperança e um desejo por fraternidade e corretas relações. Eles exigirão isso em uma escala anteriormente desconhecida. Os governos e homens de poder serão forçados a responderem às demandas, e pouco a pouco, o edifício contra a mudança cairá diante da investida de uma agora fortalecida voz da opinião pública. Assim, pela lógica, revelação e a confiança criadas por Seu amor, Maitreya aproveitará a boa vontade que existe, mesmo que desconhecida, em cada coração.

Maitreya falará para milhões de homens através da televisão e do rádio. Todos terão a oportunidade de partilharem Sua benção que acompanhará cada aparição. Assim as pessoas ao redor do mundo se tornarão familiares com Sua mensagem e a elevação de seus corações. Muita especulação cercará Sua identidade e muitas serão as teorias apresentadas, mas todos em suas formas diferentes irão vê-Lo como o prenúncio do novo, um transportador das verdades totais e como um demonstrador de um estilo de vida próximo aos seus corações.

É lógico, existirão aqueles que se sentirão ameaçados pelas Suas idéias, e que tentarão parar Seu progresso, mas mais e mais, a beleza e bom senso de Suas palavras inspirarão as pessoas de todas as nações a verem-No como seu porta-voz e líder. Assim será. As pessoas chamarão por Ele para falar em seus nomes ao mundo como um todo, e o Dia da Declaração será anunciado.

Este dia, como nenhum outro antes dele, dará à Maitreya a oportunidade de revelar Seu nome, título e propósito, como o Instrutor do Mundo para a Nova Era, o líder da Hierarquia Espiritual e Aquele Esperado por todos os grupos religiosos. Como o amigo e instrutor de todos que precisam de Sua ajuda, Ele Se apresentará; como um homem simples, Que conhece a dor e sofrimento dos homens e procura aliviar seus fardos. Que ama todos totalmente, sem condições, e Que veio para nos mostrar os passos para a alegria.

Tal pessoa está prestes a se apresentar diante do mundo e dar Seu conselho à todos. Nós podemos ter ouvido as palavras antes. Agora, com Sua benção, nós entenderemos seus significados, e agiremos.

(Share International, Janeiro/Fevereiro de 2007)

A "MÃO" DE MAITREYA

Esta fotografia mostra a marca da mão do Próprio Maitreya, milagrosamente manifestada em um espelho de um banheiro em Barcelona, Espanha, em 2001. Não é uma simples marca de mão, mas uma imagem tri-dimensional com detalhe fotográfico.

Colocando sua mão sobre ela, ou simplesmente olhando para ela, a cura e ajuda de Maitreya podem ser invocadas (sujeitas a Lei Kármica). Até Maitreya emergir totalmente, e nós vermos Seu rosto, é o mais próximo que Ele pode vir a nós.

"Minha ajuda é de vocês para comandar, vocês apenas precisam pedir."

Maitreya, o Instrutor do Mundo
da Mensagem Nº 49

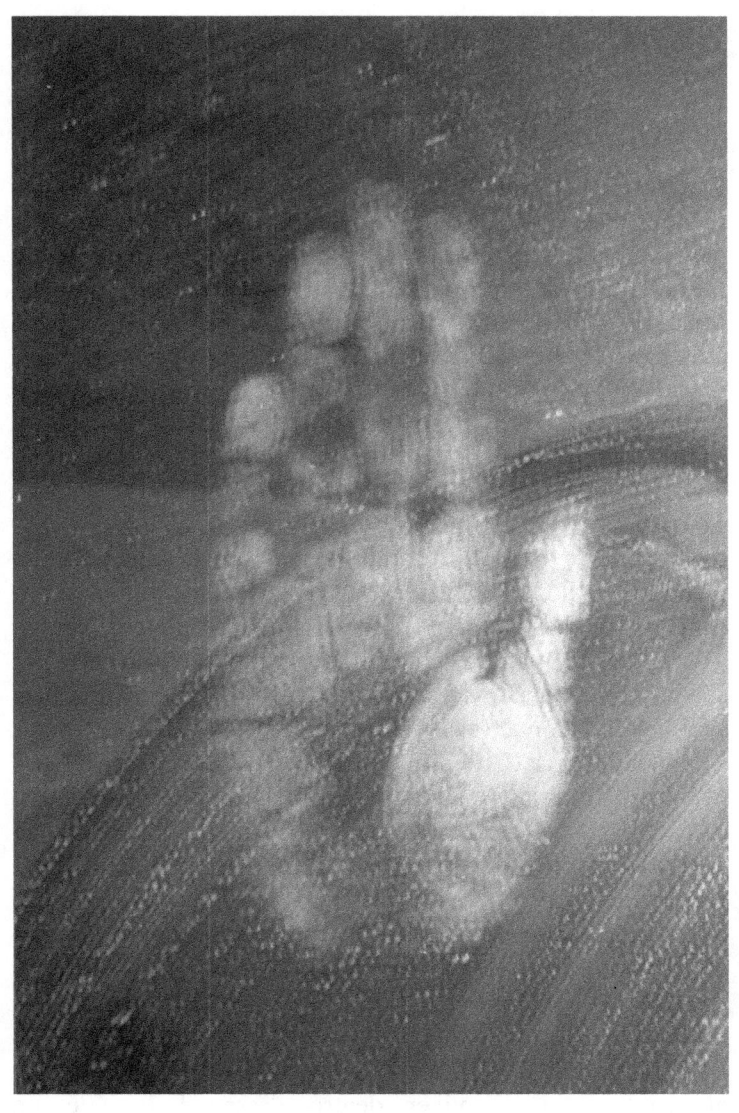

A Mão de Maitreya

A UNIÃO DAS FORÇAS DA LUZ

pelo Mestre —, através de Benjamin Creme

Eventos importantes estão ocorrendo em muitas partes do mundo. Pessoas em todos os lugares ficarão espantadas pelos relatos. Estes incluirão avistamentos, em número sem precedentes, de espaçonaves de nossos planetas vizinhos, Marte e Vênus em particular. Nada como esta atividade aumentada, pelas vastas áreas da Terra, terá sido vista antes. Aqueles que firmemente recusaram-se a levarem a sério a realidade deste fenômeno, descobrirão ser difícil negá-lo. Mais e mais relatos de contatos com os ocupantes de espaçonaves irão adicionar seus testemunhos ao fato de suas existências. Acontecimentos milagrosos de todos os tipos continuarão e se multiplicarão em número e variedade. As mentes dos homens ficarão perplexas e maravilhadas por essas maravilhas, e isso os fará pensarem profundamente.

    Neste mundo cheio de perguntas, Maitreya irá silenciosamente entrar e começar Sua missão aberta. Para ele será pedido contar suas dúvidas e medos, explicar estes acontecimentos, e Ele irá outorgar suas validades. Estes eventos extraordinários continuarão sem diminuição, e farão com que muitos profetizem o fim do mundo. Maitreya, no entanto, continuará Seu simples caminho, e interpretará estes eventos de forma diferente.

    Assim irá Maitreya encorajar os homens a verem a maravilhosa amplitude e alcance da vida, as muitas camadas das quais o homem conhece pouco agora. Gentilmente, Ele irá introduzi-los pouco a pouco às básicas verdades de nossa existência, as Leis que a governam, e os benefícios alcançados por se viver dentro dessas Leis. Ele irá familiarizar o homem com a vastidão da Galáxia e mostrará que, em tempo, os homens da Terra conquistarão o Espaço e o Tempo. Ele encorajará os homens a procurarem dentro deles, assim como fora, pelas respostas aos seus problemas, e validar suas constantes conexões com cada um e o Cosmos. Ele irá lembrar a humanidade de sua longa história, e dos muitos perigos que o homem precisa superar. Ele irá semear as sementes da fé em nosso próprio futuro ilustre, e outorgar a eterna divindade do homem. Ele mostrará que o caminho da vida, a jornada evolucionária, leva infalivelmente para cima assim como sempre à frente, e que fazer a jornada juntos, como irmãos e irmãs, é o caminho mais certo e o caminho mais iluminado pela alegria. Procurem, então, pelos sinais da entrada de Maitreya, tornem Ele conhecido, e elevem as esperanças de seus irmãos.

(Share International, Março de 2007)

[Nota do Editor: Como o Mestre tão vividamente ilustrou neste artigo, nós podemos esperar pelo aumento de avistamentos de espaçonaves e outros sinais da emergência de Maitreya. Os relatos de tais avistamentos, todos ao redor do mundo, são publicados na revista *Share International.*]

CIRCULOS NA PLANTAÇÕES

Os círculos nas plantações são criados por aquilo que é geralmente chamado de atividade ÓVNI. Os ÓVNIs vêm principalmente de Marte e de Vênus e não de fora de nosso sistema solar. Todos os planetas deste sistema são povoados, embora se você fosse para Marte ou Vênus, você não veria ninguém-- todos eles estão em matéria etérica mais elevada. O fenômeno ÓVNI está distintivamente relacionado com o Reaparecimento do Cristo e a exteriorização do trabalho da Hierarquia, e nós temos com eles uma grande dívida. Sua vigilância deste planeta é total, e energeticamente de enorme benefício ao mundo.

O que as Pessoas do Espaço estão fazendo nos círculos nas plantações em particular é recriar até um certo grau a "rede" do campo eletromagnético de nossa Terra no plano físico. Cada um destes círculos nas plantações é um chakra, um vórtice de energia magnética, e eles estão se espalhando ao redor do mundo, tendo começado na Inglaterra. Todos eles são "ideogramas", e se você fosse familiar com a "ideografia" da antiga Atlântida, você reconheceria alguns deles. Eles não são para serem reconhecidos quanto aos seus significados, mas eles de fato têm um significado, e muitas pessoas o "intuirão". Eles são um lembrete da antiga conexão com os Irmãos Espaciais.

(Share International, Julho/Agosto de 1991)

Straight Soley, Berkshire, Reino Unido, 20 de Julho de 2006. © Steve Alexander

Uffington Castle, Oxfordshire, Reino Unido, 8 de Julho de 2006. © Steve Alexander

Aldbourne, Wiltshire, Reino Unido. 14 de Julho de 2006.
© Steve Alexander

MEDITAÇÃO DE TRANSMISSÃO

UMA BREVE EXPLICAÇÃO

Um grupo de meditação oferecendo tanto um serviço dinâmico ao mundo e poderoso, pessoal, desenvolvimento espiritual.

A Meditação de Transmissão é uma meditação grupal criada para melhor distribuir energias espirituais de seus Guardiões, os Mestres da Sabedoria, nossa Hierarquia Planetária. Ela é um meio de "levar abaixo" (transformar) essas energias de forma que elas se tornem acessíveis e úteis ao público geral. É a criação, em cooperação com a Hierarquia de Mestres, de um vórtice ou reservatório de energia mais elevada para o benefício da humanidade.

Em Março de 1974, sobre a direção de seu Mestre, Benjamin Creme formou o primeiro grupo de Meditação de Transmissão em Londres. Hoje, existem centenas de tais grupos ao redor do mundo, e novos grupos estão sendo criados a todo momento.

Os grupos de Meditação de Transmissão fornecem uma ligação pela qual a Hierarquia pode responder à necessidade mundial. O principal motivo deste trabalho é serviço, mas ele também é uma poderosa forma de crescimento pessoal. Muitas pessoas estão procurando por formas pelas quais elas possam melhorar o mundo; este desejo para servir pode ser forte, mas dificilmente, em nossas vidas ocupadas, fácil de se satisfazer. Nossa alma precisa de uma forma para servir, mas nós nem sempre respondemos ao seu chamado, e então produzimos desequilíbrio e conflito dentro de nós mesmos. A Meditação de Transmissão oferece uma oportunidade única para servir de uma forma potente e totalmente científica, com o mínimo de gasto de seu tempo e energia.

Benjamin Creme realiza workshops de Meditação de Transmissão ao redor do mundo. Durante a meditação, ele é ofuscado por Maitreya, o Instrutor do Mundo, que permite à Maitreya conferir uma grande nutrição espiritual aos participantes. Muitas pessoas são inspiradas a começarem a fazer a Meditação de Transmissão depois de irem a tais workshops, e muitas reconheceram terem recebido curas no processo.

[Por favor, remetam-se a *Transmission: A Meditation for the New Age* de Benjamin Creme, Fundação Share International]

A GRANDE INVOCAÇÃO

Do ponto de Luz na Mente de Deus
Flua luz às mentes dos homens.
Que a Luz desça à Terra

Do ponto de Amor no Coração de Deus
Flua amor aos corações dos homens
Que o Cristo retorne à Terra

Do centro onde a Vontade de Deus é conhecida
Guie o propósito as pequenas vontades dos homens –
O Propósito que os Mestres conhecem e servem

Do centro que chamamos raça dos homens
Cumpra-se o Plano de Amor e Luz
E mure-se a porta onde mora o mal.

Que a Luz, o Amor e o Poder
Restabeleçam o Plano na Terra

●

A Grande Invocação, usada pelo Cristo pela primeira vez em Junho de 1945, foi liberada por Ele para a humanidade, afim de nos permitir invocar as energias que mudariam o nosso mundo e tornar possível o retorno do Cristo e da Hierarquia. Esta não é a forma utilizada pelo Cristo. Ele usa uma fórmula antiga, com sete frases místicas de tamanho, em uma antiga língua sacerdotal. Ela foi traduzida (pela Hierarquia) em termos que nós podemos usar e entender, e, traduzida para muitas línguas, ela é usada diariamente em cada país do mundo.

A ORAÇÃO PARA A NOVA ERA

Eu sou o Criador do Universo.

Eu sou o Pai e a Mãe do Universo

Tudo vem de Mim.

Tudo retornará à Mim.

Mente, Espírito e Corpo são Meus templos.

Para o Alma perceber neles

Meu Ser Supremo e Transformação.

●

A Oração para a Nova Era, dada por Maitreya, o Instrutor do Mundo, é um grande mantra ou afirmação com um efeito invocativo. Ela será uma ferramenta poderosa para reconhecermos que o homem e Deus são Um, que não há separação. O "Eu" é o Princípio Divino por trás de toda a criação. A Alma emana do, e é idêntica ao Princípio Divino.

A maneira mais eficiente de usar este mantra é a de dizer ou pensar nas palavras com a vontade focada, mantendo a atenção no centro ajna entre as sobrancelhas. Quando a mente entende o significado dos conceitos, e simultaneamente a vontade é trazida à frente, estes conceitos serão ativados e o mantra funcionará. Se ela for dita de forma séria todos os dias, crescerá dentro de você uma percepção do seu verdadeiro Ser.

GLOSSÁRIO DE TERMOS ESOTÉRICOS

Alma (Ego, Ser Superior, governante interno, Cristo interno, Filho da Mente, Anjo Solar) — O princípio de ligamento entre o Espírito e a matéria; entre Deus e Sua forma. Oferece consciência, característica e qualidade para todas as manifestações na forma.

Antahkarana — Um canal invisível de luz formando a ponte entre o cérebro físico e a alma, construído através da meditação e serviço.

Anti-cristo — Energia do aspecto Vontade de Deus, em sua fase involucionária, que destrói as velhas formas e relacionamentos, por exemplo no final de uma era, para preparar o caminho para as forças construtoras do Princípio Crístico. Manifestado em tempos Romanos através do imperador Nero e em tempos modernos através de Hitler e seis de seus associados.

Ashram — O grupo de um Mestre. Na Hierarquia Espiritual, existem 49 ashrams, sete maiores e 42 subsidiários, cada um encabeçado por um Mestre da Sabedoria.

Átomos permanentes — Os três átomos de matéria–física, astral e mental–ao redor do qual os corpos para uma nova encarnação são formados. Eles mantém a taxa vibratória do indivíduo no momento da morte, garantindo que o status energético evolucionário até então atingido será levado adiante pelas vidas sucessivas.

Auto-realização — O processo de reconhecer e expressar nossa natureza divina.

Avatar — Um Ser espiritual que desce em resposta ao chamado e necessidade da humanidade. Existem Avatares humanos, planetários e cósmicos. Os últimos seriam chamados de "Encarnações Divinas". Seus ensinamentos, corretamente apreendidos e gradualmente aplicados pela humanidade, expandem nossa compreensão e apresentam o próximo passo à frente no desenvolvimento evolucionário da humanidade.

Avatar da Síntese — Um grande Ser cósmico que encarna as energias da Vontade, Amor, Inteligência e outra energia para a qual nós ainda não temos nome. Desde os anos 1940, Ele esteve enviando essas energias para o mundo, gradualmente transformando divisão em unidade.

Buda — Último Avatar da era de Áries. Anterior Instrutor do Mundo que se manifestou através do príncipe Gautama em cerca de 500 AC. A Encarnação da Sabedoria, Ele atualmente age como o "Intermediário Divino" entre Shamballa e a Hierarquia. Budistas esperam seu próximo grande instrutor sobre o nome de Buda Maitreya.

Budi — A alma universal ou mente; razão superior; compreensão amorosa; amor-sabedoria. A energia do amor como os Mestres a experienciam.

Chakras — Centros de energia (vórtices) no corpo etérico relacionados a espinha e as sete mais importantes glândulas endócrinas. Responsável pela coordenação e vitalização de todos os corpos (mental, astral e físico) e suas correlações com a alma, o centro principal de consciência. Existem sete grandes chakras e 42 menores.

Centro ajna — O centro de energia (chakra) entre as sobrancelhas. Centro diretor da personalidade. Sua correspondência no nível físico é a glândula pituitária.

Consciência Crística — A energia do Cristo Cósmico, também conhecido como o Princípio Crístico. Encarnado por nós pelo Cristo, ela está no presente despertando nos corações de milhões de pessoas todas ao redor do mundo. A energia da evolução por si.

Corpo astral — O veículo emocional de um indivíduo.

Corpo Causal — O veículo de expressão da alma no plano causal. O receptáculo onde a consciência do ponto evolucionário de uma pessoa é guardado.

Corpo etérico — A contraparte energética do corpo físico, composto de sete maiores centros (chakras) e 49 centros menores, uma rede que conecta todos os centros, e fios infinitesimalmente pequenos de energia (nadis) que estão por baixo de cada parte do sistema nervoso. Bloqueios no corpo etérico podem resultar em doenças físicas.

Corpo mental — O veículo da personalidade nos planos mentais.

Cristo — O termo usado para designar o cabeça da Hierarquia Espiritual; o Instrutor do Mundo; o Mestre de todos os Mestres. O cargo atualmente mantido pelo Senhor Maitreya.

Deus (ver também Logos) — O grande Ser Cósmico Que encarna este planeta, encarnando todas as Leis e todas as energias governadas por essas Leis, que compõem tudo o que nós vemos e não conseguimos ver.

Deva — Anjo ou ser celestial pertencendo a um reino na natureza evoluindo paralelamente a humanidade, e variando de elementais sub-humanos a seres super-humanos em um nível igual ao de um Logos planetário. Eles são os "construtores ativos", trabalhando inteligentemente com a substância para criar todas as formas que nós vemos, incluindo os corpos mental, emocional e físico da humanidade.

Dia da Declaração — Dia no qual Maitreya irá se tornar conhecido ao mundo durante uma transmissão ao redor do mundo de rádio e televisão. Mesmo aqueles que não estarão ouvindo ou assistindo, irão ouvir suas palavras telepaticamente em suas próprias línguas e, ao mesmo tempo, centenas de milhares de curas espontâneas irão ocorrer através do mundo. O começo da missão aberta de Maitreya no mundo.

Encarnação — Manifestação da alma como a personalidade tripla, sobre a Lei da Reencarnação.

Era — Ciclo mundial, aproximadamente 2.150 anos, determinada pela relação da terra, o sol e as constelações do zodíaco.

Esoterismo — A filosofia do processo evolucionário tanto no homem e nos reinos inferiores na natureza. A ciência da sabedoria acumulada das eras. Apresenta um relato sistemático e compreensivo da estrutura energética do Universo e do lugar do homem dentro dele. Descreve as forças e influências que estão por trás do mundo fenomênico. Também, o processo de se tornar consciente e gradualmente controlar estas forças.

Espírito — Como utilizado por Maitreya, um termo significando a soma total das energias – a força de vida – animando e vitalizando um indivíduo. Também usado, mais esotericamente, significando a Mônada que reflete a si mesma na alma.

Espírito da Paz ou Equilíbrio — Um Ser cósmico que dá assistência ao trabalho de Maitreya ofuscando ele com Sua energia. Ele trabalha de perto com a Lei de Ação e Reação, para transformar as condições presentemente caóticas no estado oposto na exata proporção.

Espiritual — A qualidade de qualquer atividade que leva o ser humano à frente em alguma forma de desenvolvimento – físico, emocional, intuicional, social – em avanço ao seu estágio presente.

Evolução — O processo de espiritualização da matéria; o caminho de volta para a Fonte. O livrar-se dos véus da desilusão e ilusão levando eventualmente à consciência cósmica.

Forças da Escuridão (Forças do Mal, Forças da Materialidade) — As forças involucionárias ou materialistas que elevam o aspecto matéria do planeta. Quando elas exageram em seu papel e colidem sobre o progresso espiritual da humanidade, elas são designadas como más.

Forças da Luz (Forças da Evolução) — A Hierarquia Espiritual de nosso planeta. Centro planetário do Amor-Sabedoria.

Grande Invocação — Uma fórmula antiga, traduzida pela Hierarquia para o uso da humanidade para invocar as energias que irão mudar nosso mundo. Traduzida para muitas línguas, ela é utilizada diariamente por milhões de pessoas.

Guru — Um instrutor espiritual.

Hierarquia — Ver Hierarquia Espiritual.

Hierarquia Espiritual (Fraternidade Branca, Sociedade de Mentes Iluminadas) — O Reino de Deus, o Reino Espiritual ou o Reino das almas, composto dos Mestres e iniciados de todos os graus e cujo propósito é o de implementar o Plano de Deus. Centro planetário do Amor-Sabedoria.

Homem/mulher — A manifestação física de uma Mônada espiritual (ou Ser), que é uma centelha individual do Espírito Uno (Deus).

Imam Mahdi — O profeta cujo retorno é aguardado por algumas seitas Islâmicas de maneira que ele possa completar o trabalho iniciado por Maomé.

Iniciação — Um processo voluntário pelo qual sucessivos e graduados estágios de unificação ocorrem entre o homem ou mulher em encarnação, sua alma, e a divina Mônada ou centelha de Deus. Cada estágio confere sobre o iniciado uma compreensão mais profunda do sentido e propósito do Plano de Deus, uma consciência mais completa de sua parte no Plano, e uma habilidade crescente de trabalhar conscientemente e inteligentemente em direção ao seu cumprimento.

Instrutor do Mundo — O cabeça da Hierarquia Espiritual em qualquer ciclo. O Mestre de todos os Mestres. O cargo ocupado presentemente pelo Senhor Maitreya.

Involução — O processo pelo qual o espírito desce para a matéria, seu pólo oposto.

Jesus — Um Mestre da Sabedoria e discípulo do Cristo, Maitreya. Permitiu ao Cristo trabalhar através dele durante o período de seu batismo até a crucificação 2.000 anos atrás. No tempo vindouro, ele irá ter um grande papel em inspirar e reorientar todo o campo da religião Cristã.

Karma — Nome oriental para a Lei de Causa e Efeito. A lei básica governando nossa existência neste sistema solar. Cada pensamento, cada ação que nós temos e realizamos coloca em movimento uma causa. Estas causas tem seus efeitos, que criam nossas vidas, para o bem ou para o mau. Expresso em termos bíblicos: Como você semeia, assim você colherá. Em termos científicos: Para cada ação existe uma igual e oposta reação.

Krishna — Um grande Avatar Que apareceu cerca de 3.000 AC e serviu como o veículo de manifestação para o Senhor Maitreya durante a era de Áries. Demonstrando a necessidade de controle da natureza astral/emocional, Krishna abriu a porta para a segunda iniciação. Hindus esperam uma nova encarnação de Krishna no final da Kali Yuga, a era negra.

Lei de Causa e Efeito (Lei de Ação e Reação) — Ver Karma.

Lei de Renascimento — Ver Reencarnação.

Logos — Deus. O Ser Cósmico Que encarna um planeta (Logos Planetário), um sistema solar (Logos Solar), uma galáxia (Logos Galático) e por aí vai até o infinito.

Logos Planetário — Ver Sanat Kumara.

Logos Solar — Ser Divino animando nosso sistema solar.

Maitreya — O Instrutor do Mundo para a era de Aquário. O Cristo e cabeça da Hierarquia Espiritual de nosso planeta. O Mestre de todos os Mestres.

Mal — Qualquer coisa que impeça o desenvolvimento evolucionário.

Manas — Mente superior.

Mantra — Fórmula ou arranjo de palavras ou sílabas que, quando corretamente soadas, invocam energia.

Meditação — Meio científico de contatar sua alma e eventualmente se tornar um com a alma. Também o processo de ser aberto à impressão espiritual e assim cooperar com a Hierarquia Espiritual.

Meditação de Transmissão — Uma forma especializada de meditação de grupo e serviço no qual os membros oferecem seus centros de energia (chakras) como instrumentos para levarem abaixo as energias emanando da Hierarquia Espiritual de Mestres. Ela oferece ao planeta um reservatório de energia mais acessível e útil para a humanidade. Também um método potente de desenvolvimento espiritual pessoal.

Mestres da Sabedoria — Indivíduos que tomaram a quinta iniciação, tendo passado através de todas as experiências que a vida neste mundo oferece e, no processo, tendo adquirido total maestria sobre si mesmos e as leis da natureza. Guardiões do Plano de Evolução e todas as energias entrando neste planeta que levam ao cumprimento do Plano.

Mônada/ Ser — Puro Espírito refletindo a triplicidade da divindade: (1) Divina Vontade ou Poder (o Pai); (2) Amor-Sabedoria (o Filho); (3) Inteligência Ativa (o Espírito Santo). A centelha de Deus residente em cada ser humano.

Oculto — Escondido. A ciência oculta da energia (ver Esoterismo).

Ofuscamento — Um processo voluntário cooperativo no qual a consciência de um Mestre temporariamente entra e trabalha através dos corpos físico, emocional e mental de um discípulo.

Personalidade — O veículo triplo da alma no plano físico, consistindo de um corpo mental, emocional (astral) e um físico-etérico.

Plano — Um nível da manifestação.

Plano astral — O plano das emoções, incluindo os pólos opostos como esperança e medo, amor sentimental e ódio, felicidade e sofrimento. O plano da ilusão.

Plano Búdico — Plano da divina intuição.

Plano Causal — O terceiro dos quatro mais elevados planos mentais no qual a alma habita.

Planos etéricos — Quatro planos de matéria mais fina do que o gasoso físico. Ainda invisíveis para a maioria das pessoas.

Plano físico — O estágio vibracional mais baixo da substância, incluindo: matéria física densa, líquida, gasosa e etérica.

Plano mental — O plano da mente onde o processo mental ocorre.

Pralaya — Um estado de existência não-mental, não-astral, não-material em algum estágio entre a morte e o renascimento, onde os impulsos de vida estão em ausência. Uma experiência de perfeita paz e felicidade sem fim anteriormente a tomar a próxima encarnação. Corresponde a idéia Cristã do paraíso.

Raios — As sete correntes da energia divina universal, cada um a expressão de uma grande Vida, cuja interação em cada freqüência concebível criam os sistemas solares, galáxias e universos. O movimento dessas energias, em ciclos espiralados, leva todos os Seres para dentro e fora da manifestação, colorindo e saturando eles com específicas qualidades e atributos.

Reencarnação (Lei do Renascimento) — O processo que permite a Deus, através de um agente (nós mesmos) levar a Si Mesmo abaixo para Seu pólo oposto – a matéria – de maneira a levar esta matéria de volta a Si Mesmo, totalmente imbuída com a natureza de Deus. A Lei do Karma leva-nos de volta para encarnação, até gradualmente, através do processo evolucionário, nós revelarmos mais verdadeiramente nossa divindade inata.

Sabedoria Eterna — Um antigo corpo de ensinamento espiritual subjacente a todas as religiões mundiais, assim como todas as realizações científicas, sociais e culturais. Tornada inicialmente disponível escrita para o público geral no final dos anos 1800 por Helena Petrovna Blavatsky e neste século por Alice A. Bailey, Helena Roerich, e Benjamin Creme.

Sanat Kumara — O Senhor do Mundo; a expressão física etérica de nosso Logos Planetário que habita em Shamballa. Um grande Ser, originalmente de Vênus, que Se sacrificou para se tornar o veículo da personalidade para a deidade animadora de nosso planeta 18,5 milhões de anos atrás. O aspecto mais próximo de Deus que nós podemos conhecer.

Senhor do Mundo — Ver Sanat Kumara.

Ser/ Mônada — A centelha divina dentro de cada ser humano.

Shamballa — Um centro de energia; o maior centro no planeta. Ele é localizado acima do Deserto de Gobi nos dois planos etéricos mais elevados. Dele e através dele flui a Força de Shamballa – a energia da Vontade ou Propósito. Ele corresponde ao centro da coroa (chakra).

Triângulo — Um grupo de três pessoas que ligam-se cada dia em pensamento para alguns minutos de meditação criativa.

Veículo — A forma pela qual seres mais elevados encontram expressão nos planos mais baixos. Os corpos físico, astral e mental, por exemplo, formam o veículo da alma nos planos interiores.

Yoga — União da natureza inferior com a superior. Diferentes formas e técnicas para ganhar controle dos corpos físico, astral e mental.

LIVROS POR BENJAMIN CREME
(Listados em ordem de publicação)

A Missão de Maitreya, Volume Um
O primeiro de uma trilogia de livros que descrevem a emergência e ensinamentos de Maitreya, o Instrutor do Mundo. Conforme a consciência humana constantemente amadurece, muitos dos antigos "mistérios" estão sendo agora revelados. Este volume pode ser visto como um guia para a humanidade, conforme ela viaja pela jornada evolucionária. Os assuntos do livro são vastos: dos novos ensinamentos do Cristo à meditação e karma; da vida após a morte, e reencarnação, a cura e transformação social; da iniciação e o papel do serviço aos Sete Raios; de Leonardo da Vinci e Mozart à Sathya Sai Baba. Ele prepara a cena e o caminho para o trabalho de Maitreya, como Instrutor do Mundo, e a criação de uma nova e melhor vida para todos. Ele é uma poderosa mensagem de esperança.

English: "Maitreya's Mission, Volume I", 1ª edição, 1986. 3ª edição 1993, reimpresso em 2003. ISBN 90-71484-08-4, 373 pp.

Portuguese: "A Missão de Maitreya, Volume Um", 1ª edição, 2017. ISBN 978-94-91732-05-8, 418 pp.

Unidade na Diversidade: O Caminho Adiante Para A Humanidade
Nós precisamos de uma nova, esperançosa visão do futuro. Este livro apresenta tal visão: um futuro que engloba um mundo em paz, harmonia e unidade, enquanto que cada qualidade e abordagem individual é bem-vinda e necessária. Ele é visionário, mas expresso com uma lógica convincente.

Unidade na Diversidade: O Caminho Adiante para a Humanidade diz respeito ao futuro de cada homem, mulher e criança. Ele é sobre o futuro da própria Terra. A humanidade, diz Creme, está em uma encruzilhada e tem uma grande decisão a tomar: seguir em frente e criar uma brilhante nova civilização na qual todos são livres e a justiça social reina, ou continuar como nós estamos, divididos e competindo, e vermos o fim da vida no planeta Terra.

Creme escreve em nome da Hierarquia Espiritual na Terra, cujo Plano para o aperfeiçoamento da humanidade, ele apresenta. Ele nossa essencial unidade, sem o sacrifício de nossa igualmente essencial diversidade.

Benjamin Creme, artista e autor, esteve dando palestras ao redor do mundo por quase 40 anos sobre a emergência ao mundo cotidiano de Maitreya, o Instrutor do Mundo, e Seu grupo, os Mestres da Sabedoria. Os livros de Creme, dezesseis presentemente, foram traduzidos para várias línguas, transformando as vidas de milhões.mostra que o caminho adiante para todos nós é a percepção de

> *English: "Unity in Diversity: The Way Ahead for Humanity", 1ª edição 2006. "ISBN 978-90-71484-98-8, 167 pp.*

> *Portuguese: "Unidade na Diversidade: O Caminho Adiante Para A Humanidade", 1ª edição 2017. ISBN 978-94-91732-10-2, 188 pp.*

Os ensinamentos da sabedoria eternal
"Sempre foi a política da Hierarquia Espiritual a de manter a humanidade informada sobre, e em contato com, todos os aspectos do conhecimento esotérico que podem ser seguramente divulgados e tornados exotéricos.

Por longos séculos isto tem sido possível, mas em um grau limitado. No último século, no entanto, mais informação foi dada, e mais conhecimento foi liberado, do que em qualquer outro momento da história da raça. Que isto é assim reflete a crescente compreensão do homem das leis internas mais sutis governando a aparência externa das coisas e eventos, e, ao mesmo tempo, sua sentida necessidade de exercer um papel totalmente consciente em sua própria evolução e desenvolvimento.

Estando, como estamos, no limiar de uma nova era, nós podemos esperar com confiança para uma liberação sem precedentes de ensinamentos anteriormente guardados que, quando absorvidos e compreendidos, lançarão uma luz maior nos mistérios do universo e da natureza do Ser do homem..." (pelo Mestre —, através de Benjamin Creme)

Este livro apresenta uma introdução a este grande corpo de sabedoria que está por detrás dos ensinamentos espirituais de todos os grupos, através das eras. Apenas descobrindo a fonte comum da qual todas as fés emergiram, os homens e mulheres verdadeiramente compreenderão sua fraternidade espiritual, como crianças do Único Pai – seja lá por qual nome eles O chamem.

English: "The Ageless Wisdom Teaching", 1ª edição 1996. "ISBN 90-71484-13-0, 167 pp.

Portuguese: "Os ensinamentos da sabedoria eternal", 1ª edição 2017. ISBN 978-94-91732-07-2, 86 pp.

O despertar da humanidade

O Despertar da Humanidade é um volume associado ao O Instrutor do Mundo para Toda a Humanidade, de Benjamin Creme, publicado em 2007, que enfatiza a natureza de Maitreya como o Instrutor do Mundo, a Encarnação do Amor e da Sabedoria.

O Despertar da Humanidade foca no dia quando Maitreya Se declarará abertamente como o Instrutor do Mundo para a era de Aquário. Ele descreve o processo de emergência de Maitreya, os passos levando ao Dia da Declaração, e a resposta da humanidade a esta grandiosa experiência.

Quanto ao Dia da Declaração, o Mestre de Benjamin Creme diz: "Nunca antes os homens terão ouvido o chamado de sua divindade, o desafio de suas presenças aqui na Terra. Cada um, individualmente, e solenemente sozinho, saberá por este período de tempo, o proposito e significado de suas vidas, experienciarão novamente a graça da infância, a pureza da aspiração purificada do ser. Por estes preciosos minutos, os homens saberão novamente a alegria da total participação nas realidades da Vida, se sentirão conectados um ao outro, como a memória de um passado distante."

Este livro profético dá ao leitor esperança e expectativa para os alegres e transformadores eventos que estão a caminho.

English: "The Awakening of Humanity", 1ª edição 2008. "ISBN 13: 978-90-71484-41-4, 167 pp.

Portuguese: "O despertar da humanidade", 1ª edição 2017. ISBN 978-94-91732-09-6, 158 pp.

O instrutor do mundo para toda a humanidade
Maitreya, o Instrutor do Mundo, está pronto para emergir publicamente. Este livro apresenta uma visão geral deste grandioso evento: o retorno ao mundo cotidiano de Maitreya em Julho de 1977, e a gradual emergência do Seu grupo, os Mestres da Sabedoria; as enormes mudanças que a presença de Maitreya trouxe; e Seus planos, prioridades e recomendações para o futuro imediato. Maitreya é mostrado tanto como um Grande Avatar Espiritual e, ao mesmo tempo, um amigo e irmão da humanidade.

O conselho de Maitreya levará a humanidade a uma simples escolha. Ou continuar em nosso presente destrutivo modo de vida e perecer, ou aceitar de bom grado Seu conselho para inaugurar um sistema de partilha, garantindo a justiça, paz e a criação de uma civilização baseada na divindade interna de todos.

English: "The World Teacher For All Humanity", 1ª edição 2008. "ISBN 978-90-71484-39-1, 167 pp.

Portuguese: "O instrutor do mundo para toda a humanidade", 1ª edição 2017. ISBN 978-94-91732-08-9, 146 pp.

Transmissco: uma meditago para a nova era
A Meditação de Transmissão é uma forma de meditação grupal para o propósito de "levar abaixo" (transformar) energias espirituais que assim se tornam acessíveis e úteis ao público geral. É a criação, em cooperação com a Hierarquia dos Mestres, de um vórtice ou reservatório de elevada energia para o benefício da humanidade.

Introduzida em 1974 por Benjamin Creme sobre a direção de seu Mestre, esta forma de serviço, que é simples de se fazer, é ao mesmo tempo uma maneira poderosa de crescimento pessoal. A meditação é a combinação de duas yogas: Karma Yoga (yoga do serviço) e Laya Yoga (yoga da energia ou centros). Ela é um serviço no qual nós podemos estar envolvidos pelo resto de nossas vidas sabendo que estamos ajudando na evolução da humanidade para, e além, da Nova Era. Existem centenas de grupos de Meditação de Transmissão ativos em muitos países ao redor do mundo.

Neste prático e inspirador livro, Benjamin Creme descreve os objetivos, técnica e resultados da Meditação de Transmissão, assim como propósito por trás da meditação para o desenvolvimento do discípulo.

English: "Transmission: A Meditation for the New", 1ª edição 1983. 4ª edição 1998. ISBN 90-71484-17-3, 204 pp.

*Portuguese: "Transmissco: uma meditago para a nova era", 1ª edição 2017. ISBN 978-94-91732-06-5, **XXX** pp.*

The Reappearance of the Christ and the Masters of Wisdom
Em seu primeiro livro, Benjamin Creme dá o plano de fundo e informação pertinente ao que diz respeito a emergência de

Maitreya (o Cristo), como o Instrutor do Mundo, para a Nova Era agora nascendo. Esperado sobre diferentes nomes por todos os grupos religiosos, Maitreya vem para nos ajudar a criar cooperação entre as muitas facções ideológicas, galvanizar a boa vontade e partilha do mundo, e inspirar profundas reformas políticas, sociais, econômicas e ambientais. Benjamin Creme coloca o mais profundo evento dos últimos 2.000 anos em seu correto contexto esotérico, e descreve que efeito a presença do Instrutor do Mundo terá tanto nas instituições do mundo e na pessoa comum. Através de seu contato telepático com um Mestre da Sabedoria, Creme oferece revelações sobre tais assuntos como a alma e reencarnação; medo da morte; telepatia; meditação; energia nuclear; antigas civilizações; ÓVNIs; problemas do mundo em desenvolvimento; uma nova ordem econômica; o Anticristo; e o "julgamento final".

English: 1ª edição 1979, ISBN 0-936604-00-X, 254 pp.

Messages from Maitreya the Christ
Durante anos de preparação para Sua emergência, Maitreya deu 140 Mensagens através de Benjamin Creme durante palestras públicas em Londres de 1977 a 1982. O método usado foi ofuscamento mental e um contato telepático conseqüentemente desenvolvido.

As mensagens de Maitreya sobre partilha, cooperação e unidade inspiram leitores a espalharem as notícias do Seu reaparecimento e em trabalhar urgentemente para o resgate de milhões sofrendo de pobreza e fome em um mundo de plenitude. Na Mensagem N° 11, Maitreya diz: "Meu Plano é o de mostrar à vocês que o caminho para fora de seus problemas é escutar novamente a verdadeira voz de Deus dentro de seus corações, partilhar os produtos deste mundo dos mais caridosos entre seus irmãos e irmãs em todos os lugares..." (5 de Janeiro de 1978)

As palavras de Maitreya são uma fonte única de sabedoria, esperança e socorro neste tempo crítico de mudança mundial, e quando lidas em voz alta, estas profundas, e mesmo assim simples Mensagens, invocam Sua energia e benção.

English: 1ª edição Vol I 1981, Vol II 1986, 2ª edição combinada 1992, reimpresso em 2001. ISBN 90-71484-22-X, 286 pp

A Master Speaks
A humanidade é guiada por trás das cenas por um altamente evoluído e iluminado grupo de homens Que nos precederam sobre o caminho da evolução. Estes Mestres da Sabedoria, como Eles são chamados, dificilmente aparecem abertamente, mas normalmente trabalham através de Seus discípulos--homens e mulheres que influenciam a sociedade através de seus trabalhos na ciência, educação, arte, religião, política, e em cada departamento da vida.

O artista Britânico Benjamin Creme, é um discípulo de um Mestre com o Qual ele está em contato telepático próximo. Desde o lançamento da *Share International*, a revista da qual Benjamin Creme é editor, seu Mestre contribuiu com cada edição com um artigo inspirador sobre uma ampla gama de assuntos: razão e intuição; a nova civilização; saúde e cura; a arte de viver; a necessidade por síntese; justiça é divina; o Filho do Homem; direitos humanos; a lei do renascimento; o fim da fome; partilha para a paz; a ascensão do poder das pessoas; o futuro mais brilhante; cooperação – e muito mais.

O principal propósito destes artigos é o de atrair a atenção às necessidades do presente e imediato tempo futuro, e dar informação sobre os ensinamentos de Maitreya, o Mestre de todos os Mestres. A terceira edição contem todos os 223 artigos dos primeiros 22 volumes da *Share International*.

English: 1ª edição 1985. 3ª edição expandida 2004. ISBN 90-71484-29-7, 452 pp.

Maitreya's Mission, Volume Two
Este inspirador e acolhedor livro oferece nova esperança e orientação à um mundo em sofrimento no limiar de uma Era Dourada. Ele apresenta os ensinamentos de Maitreya, o Instrutor do Mundo, tanto no nível exterior, prático, e nos níveis internos, espirituais; Suas unicamente precisas previsões de eventos mundiais, que surpreenderam a mídia internacional; e Suas milagrosas aparições que trouxeram esperança e inspiração para muitos milhares. Ele também contém uma série de entrevistas únicas com o Mestre de Benjamin Creme, que lança nova e reveladora luz sobre alguns dos maiores problemas que a humanidade encara.

Este livro cobre uma enorme gama de assuntos: os ensinamentos de Maitreya; o crescimento da consciência; novas formas de governo; comercialização e forças de mercado; o princípio da partilha; vida na Nova Era; escolas sem muros; a Tecnologia da Luz; círculos nas plantações; o Ser; telepatia; doença e morte; energia e pensamento; Meditação de Transmissão; o propósito da alma. Também inclui transcrições de inspiradoras palestras de Benjamin Creme sobre "A Superação do Medo" e "O Chamado do Serviço."

English: 1ª edição 1993, reimpresso em 2004. ISBN 90-71484-11-4, 753 pp.

Os Ensinamentos da Sabedoria Eterna
Uma visão geral do legado espiritual da humanidade, esta brochura serve como uma introdução concisa e fácil de se entender aos Ensinamentos da Sabedoria Eterna. Ela explica os preceitos básicos do esoterismo, incluindo: fonte de Ensinamento; a emergência do Instrutor do Mundo; renascimento e reencarnação; a Lei de Causa e Efeito; o Plano de evolução; origem do homem; meditação e serviço; mudanças futuras. Também inclui um glossário esotérico e uma lista de leitura recomendada.

English: 1ª edição 1996, reimpresso em 2006. ISBN 978-90-71484-13-1, 76 pp.

Maitreya's Mission, Volume Three
Benjamin Creme apresenta uma incentivadora visão do futuro. Com Maitreya, o Instrutor do Mundo, e Seus discípulos, os Mestres da Sabedoria abertamente oferecendo Suas orientações, a humanidade criará uma civilização digna de seu potencial divino. Paz será estabelecida; partilha dos recursos do mundo a norma; manter o nosso meio ambiente uma prioridade. A nova educação irá ensinar o fato da alma e a evolução da consciência. As cidades do mundo serão transformadas em centros de grande beleza.

Este livro oferece sabedoria inestimável sobre uma ampla gama de tópicos. Ele inclui as prioridades de Maitreya para o futuro, e entrevistas com um Mestre da Sabedoria sobre "O Desafio do Século 21". Ele explora o karma e a reencarnação, a origem da humanidade, meditação e serviço, o Plano de evolução, e outros conceitos fundamentais dos Ensinamentos da Sabedoria Eterna. Ele inclui um olhar fascinante de um ponto de vista esotérico, da perspectiva espiritual, de dez artistas famosos – entre eles, da Vinci, Michelangelo e Rembrandt – por Benjamin Creme, ele mesmo um artista.

Como os dois primeiros volumes de *Maitreya's Mission*, este trabalho combina profundas verdades espirituais com soluções práticas aos problemas mais incômodos de hoje. Ele é na verdade uma mensagem de esperança para a humanidade, pronta para "começar a criação de uma civilização como o mundo nunca viu antes."

English: 1ª edição 1997. ISBN 90-71484-15-7, 704 pp.

The Great Approach: New Light and Life for Humanity
Este livro profético se encaminha aos problemas de nosso mundo caótico e a sua gradual mudança sobre a influência de um grupo de homens perfeitos, os Mestres da Sabedoria,

Que, com Seu líder Maitreya, o Instrutor do Mundo, estão retornando abertamente ao mundo pela primeira vez em 98.000 anos.

O livro cobre tópicos como: partilha, os EUA em um dilema; conflitos étnicos; crime e violência; meio ambiente e poluição; engenharia genética; ciência e religião; a natureza da luz; saúde e cura; educação; milagres; a alma e encarnação. Uma síntese extraordinária de conhecimento, ele lança um farol sobre o futuro; com visão clara ele prevê nossas mais elevadas realizações do pensamento, afim de revelar as incríveis descobertas científicas que estão adiante. Ele nos mostra um mundo no qual a guerra é uma coisa do passado, e as necessidades de todos são satisfeitas.

English: 1ª edição 2001. ISBN 90-71484-23-8, 320 pp.

The Art of Co-operation

The Art of Co-operation lida com os problemas mais urgentes de nosso tempo, e suas soluções, do ponto de vista dos Ensinamentos da Sabedoria Eterna que, por milênios, revelaram as forças subjacentes ao mundo exterior. Benjamin Creme traz estes ensinamentos à atualidade, preparando o caminho para a eminente emergência de Maitreya, o Instrutor do Mundo, e Seu grupo de Mestres da Sabedoria.

Este volume olha para um mundo preso em antiga competição, tentando resolver seus problemas por métodos antigos e ultrapassados, enquanto que a resposta – cooperação – está em nossas mãos. Ele mostra o caminho para um mundo de justiça, liberdade e paz através de uma crescente apreciação da unidade subjacente à toda vida. Maitreya irá nos inspirar à esta crescente percepção.

Tópicos incluem: a necessidade por cooperação; os EUA e a competição; organismo contra organização; oportunidade para serviço; medo da perda; karma; amor; coragem e desapego; superação do glamour; como os

Mestres ensinam; unidade na diversidade; consenso; confiança.

English: 1ª edição 2002. ISBN 90-71484-26-2, 235 pp.

Maitreya's Teachings: The Laws of Life
Nós não temos nem fragmentos dos ensinamentos dos anteriores Instrutores do Mundo dados anteriormente a um certo conhecimento de Suas existências. Nós não temos os ensinamentos de um Cristo, ou um Buda, ou um Krisnha, com exceção daqueles vistos através dos olhos de seguidores posteriores. Pela primeira vez é nos dado o sabor dos ensinamentos e revelações de um Ser de incomensurável estatura, afim de nos permitir compreender o caminho da evolução se desenrolando a nossa frente que Ele veio delinear para nós. A impressão deixada em mente pelo Instrutor é a de que a amplitude, a profundidade de Seu conhecimento e consciência não têm limites; que Ele é tolerante e sábio além da imaginação, e de uma humildade impressionante.

Poucos poderiam ler estas páginas sem se transformarem. Para alguns, as revelações extraordinárias sobre os eventos mundiais serão de maior interesse, enquanto que para outros, a revelação dos segredos da auto-realização, a simples descrição da verdade experienciada, será uma revelação. Para qualquer um procurando entender as Leis da Vida, estas revelações sutis e férteis irão levá-los rapidamente ao núcleo da própria Vida, e oferecer à eles um caminho simples levando ao alto da montanha. A unidade essencial de toda a vida é descoberta de uma maneira clara e cheia de sentido. Nunca, pareceria, as Leis pelas quais nós vivemos pareceram tão naturais e tão sem limites.

English: 1ª edição, 2005. ISBN 900-17484-31-9, 253 pp.

The Art of Living: Living Within de Laws of Life
Inspirado nos escritos de dois Mestres da Sabedoria, o Mestre Djwhal Khul e particularmente o próprio Mestre de Benjamin Creme, a Parte Um deste livro considera a experiência de viver como uma forma de arte, como pintura ou música. Para se alcançar um alto nível de expressão, são necessários tanto conhecimento e uma adesão à certos princípios fundamentais. Na arte da vida, é através da compreensão da grande Lei de Causa e Efeito, e da relacionada Lei do Renascimento, que nós alcançamos a calma, a inofensividade que leva à felicidade pessoal, corretas relações humanas e o correto caminho para toda a humanidade em sua jornada evolucionária.

Partes Dois e Três, "Os Pares de Opostos" e "Ilusão", propõem que é a posição única do homem no esquema evolucionário – o ponto de encontro do espírito e da matéria – que produz sua aparente luta sem fim, tanto dentro de si mesmo, como na vida exterior. Os meios pelos quais ele emerge da névoa da ilusão, e une esses dois aspectos de si mesmo em um Todo perfeito, é viver a própria vida com crescente desapego e auto-consciência objetiva.

English: 1ª edição 2006. ISBN 978-90-71484-37-7, 251 pp.

Os livros acima foram publicados pela Fundação Share International (Amsterdã, Londres). A maioria deles foram traduzidos e publicados em Holandês, Francês, Alemão, Japonês e Espanhol por grupos respondendo à esta mensagem. Alguns também foram publicados em Chinês, Croata, Finlandês, Grego, Hebraico, Italiano, Português, Romeno, Russo, Esloveno e Sueco. Mais traduções estão planejadas. Livros, assim como fitas de áudio e vídeo, estão disponíveis em livrarias locais.

SHARE INTERNATIONAL

Uma revista única, contendo todo mês: informação atualizada sobre a emergência de Maitreya, o Instrutor do Mundo; um artigo de um Mestre da Sabedoria; expansões dos ensinamentos esotéricos; respostas de Benjamin Creme quanto a uma ampla variedade de tópicos e perguntas esotéricas; artigos por e entrevistas com pessoas na frente de mudanças mundiais progressivas; notícias de agências da ONU e relatórios de desenvolvimentos positivos na transformação de nosso mundo.

A *Share International* une as duas maiores direções do pensamento da Nova Era – a política e a espiritual. Ela mostra a síntese subjacente as mudanças políticas, sociais, econômicas e espirituais agora ocorrendo em uma escala global, e procura estimular ação prática para reconstruir nosso mundo sobre linhas mais justas e compassivas.

A *Share International* cobre notícias, eventos e comentários relacionados às prioridades de Maitreya: um adequado suprimento de alimento correto, casa e abrigo para todos, saúde e educação como direitos universais, e a manutenção do equilíbrio ecológico no mundo. *ISSN 0169-1341*

Versões da *Share International* estão disponíveis em Holandês, Francês, Alemão, Japonês, Romeno, Esloveno e Espanhol. Para informação sobre assinatura, contate o escritório apropriado abaixo.

Para as Américas do Norte, Central e do Sul,
Austrália, Nova Zelândia e as Filipinas
Share International USA
Caixa Postal 5537, Berkeley, CA 94705, EUA

Para o Reino Unido
Share International
Caixa Postal, 3677, Londres, NW5 1RU, Reino Unido

Para o resto do mundo

Share International
Caixa Postal, 41877, 1009 DB Amsterdã, Holanda

Extensiva informação e extratos da revista são publicados online em: **www.share-international.org** e **www.share-internationa.org/portuguese**

SOBRE O AUTOR

O pintor e esoterista escocês Benjamin Creme esteve por mais de 40 anos preparando o mundo para o mais extraordinário evento na história da humanidade – o retorno de nossos mentores espirituais ao mundo cotidiano.

Benjamin Creme apareceu na televisão, rádio e filmes de documentários ao redor do mundo, e deu palestras na Europa Ocidental e Oriental, os EUA, Japão, Austrália, Nova Zelândia, Canadá, e México.

Treinado e supervisionado por muitos anos pelo seu próprio Mestre, ele começou seu trabalho público em 1974. Em 1982, ele anunciou que o Senhor Maitreya, o há muito aguardado Instrutor do Mundo, estava vivendo em Londres, pronto para Se apresentar abertamente quando convidado pela mídia mundial a fazê-lo. Este evento é agora eminente.

Benjamin Creme continuou a levar adiante sua tarefa como mensageiro desta notícia inspiradora. Seus livros, dezesseis no presente, foram traduzidos para muitas línguas. Ele também foi o editor da revista Share International, que circula em mais de 70 países. Ele nunca aceitou dinheiro por este tipo de trabalho.

Benjamin Creme viveu em Londres, foi casado, e teve três filhos, tendo falecido em 24 de Outubro de 2016.

www.ingramcontent.com/pod-product-compliance
Lightning Source LLC
Chambersburg PA
CBHW071511040426
42444CB00008B/1588